Barbara Wendelken

# Oskar und die falschen Weihnachtsengel

Barbara Wendelken

# OSKAR
## und die falschen Weihnachtsengel

Mit Bildern von Ulrike Baier

Hase und Igel®

Für Lehrkräfte gibt es zu diesem Buch
ausführliches Begleitmaterial beim Hase und Igel Verlag.

MIX
Papier aus verantwortungsvollen Quellen
FSC® C043106
FSC
www.fsc.org

Dieses Buch erschien erstmals 2003 im Hase und Igel Verlag.
Es wurde für die vorliegende Ausgabe neu illustriert und in Zusammenarbeit
mit der Autorin leicht überarbeitet.



www.hase-und-igel.de
Lektorat: Patrik Eis
Satz: Appel Grafik München GmbH
Druck: Grafisches Centrum Cuno GmbH & Co. KG

ISBN 978-3-86316-106-4
2. Auflage 2021

# Inhalt

# 1. Kapitel
# **Ein wunderbares Leuchten**

Auch Detektive feiern Weihnachten. Und so befestigte Oskar Nusspickel einen Kranz aus Tannenzapfen an der Wohnungstür. Mit einer dicken, roten Schleife. Von jetzt an konnte man die Wohnung nicht mehr betreten, ohne an das bevorstehende Fest erinnert zu werden. „Prima“, sagte seine Mutter. „Weiter geht’s mit den Holzweihnachtsmännern.“

Gehorsam schleppte Oskar die Kiste mit dem Adventsschmuck in die Küche. Dort stellte er drei dicke, rote Weihnachtsmänner auf das Fensterbrett. Wie immer würden sie den gesamten Dezember zwischen den Topfblumen verbringen.

Über der Küchentür befestigte Oskars Mutter einen großen Stern aus Goldpapier. Oskar hatte ihn mal in der Schule gebastelt. In der ersten Klasse. Damals hatte er noch gar nicht richtig mit Schere und Kleber umgehen können. Entsprechend schief sah der Weihnachtsstern auch aus.

Inzwischen besuchte Oskar die vierte Klasse. Gerade Schnitte mit der Schere stellten kein Problem mehr dar. Und sein damaliges Werk fand er etwas peinlich. „Wollen wir den nicht wegschmeißen?", fragte er deshalb. „Ich könnte dir einen neuen basteln."

Zu seiner Überraschung lehnte seine Mutter das großzügige Angebot ab. Sie erklärte, dass gerade dieser Stern besonders kostbar für sie wäre: „Er wird mich immer an das Weihnachtsfest erinnern, als du sechs Jahre alt warst. Meine Güte hast du geschimpft, wenn du mittags aus der Schule kamst. Das Basteln hat dir überhaupt keinen Spaß gemacht. Ich musste dich morgens überreden, wieder zur Schule zu gehen."

„Stimmt", lachte Oskar. „Ich hab das einfach nicht hingekriegt. Dieser blöde Kleber haftete überall, an den Händen, auf dem Pullover, am Pausenbrot, bloß nicht auf dem Goldpapier."

„Aber am Ende hast du doch noch einen Stern zustande gebracht: diesen hier." Katharina Nusspickel stupste mit der Fingerspitze gegen das Goldpapier. „Du siehst, es handelt sich um einen ganz besonderen Stern. Ich glaube, ich werde ihn noch als Großmutter aufhängen."

Sie drehte sich um. „Schatz, könntest du schon mal mit den Lichterketten anfangen?"

Schatz, damit meinte sie nicht etwa ihren zehnjährigen Sohn. Nein, Schatz nannte sie ihren Freund Dietmar. Er und Katharina Nusspickel kannten sich erst ein paar Monate. Sie waren befreundet, was bedeutete, dass er bei jeder Gelegenheit in der Nusspickel'schen Wohnung auftauchte und sich dort wie zu Hause fühlte. Man stelle sich vor, manchmal blieb er sogar über Nacht. Schon seit Längerem befürchtete Oskar, dass Dietmar und seine Mutter heiraten wollten. Dietmar hieß mit Nachnamen nämlich Brathfisch, was sich noch lächerlicher anhörte als Nusspickel. Bestimmt war er ganz wild auf den Nachnamen seiner Freundin. Aber noch war es nicht so weit.

Niemand soll denken, dass Oskar Herrn Brathfisch nicht leiden konnte. Oh nein, Dietmar war nett, außerdem bot er den großen Vorteil, bei der Kriminalpolizei zu arbeiten. Und Oskar interessierte sich brennend für alles, was mit Verbrechen zu tun hatte. Aber dann und wann wollte Oskar auch mal allein mit seiner Mutter sein. Und wenn sie Dietmar heiraten würde, wäre es damit für alle Zeiten vorbei.

Kommissar Brathfisch hielt mittlerweile eine Lichterkette in der Hand. „Wo soll die hin?"

Seine Freundin überlegte kurz. „Am besten gleich hier in die Küche. Dann hängst du noch eine ins Wohnzimmer, eine in mein Schlafzimmer und eine in Oskars Zimmer. Du brauchst die Ketten nur über den

Fensterrahmen zu legen, die Nägel vom letzten Jahr müssten noch drin sein."

Ihre Antwort schien Dietmar zu erschrecken. „Wie, du willst alle Fenster in deiner Wohnung beleuchten? Wirklich alle? Den ganzen Dezember über?"

„Richtig, Oskar und ich lieben Lichterketten. Sie verbreiten eine sehr gemütliche Stimmung."

Darüber, ob er Lichterketten wirklich liebte, hatte Oskar sich noch nie Gedanken gemacht. Wahrscheinlich eher nicht. Dennoch war es Ehrensache, dass er seine Mutter jetzt nicht im Stich ließ. Er versicherte, dass er ganz verrückt auf Lichterketten wäre. „Dieses wunderbare Leuchten", schwärmte er. „Warte nur, bis es draußen dunkel wird. Dann wirst du uns verstehen."

Dietmar schmunzelte: „Soso, ein wunderbares Leuchten, das hab ich natürlich nicht bedacht." Irgendwie wirkte es, als könnte er sich nur mit Mühe das Lachen verkneifen. Dennoch machte er sich an die Arbeit und hängte über jeden Fensterrahmen eine Lichterkette.

„Als Nächstes darfst du im Flur die Engel aus Goldpapier verteilen", bot Oskar großzügig an. Aber Dietmar lehnte ab. Er wisse ja gar nicht, wo welcher Engel hingehöre. Und dann verschwand er im Wohnzimmer.

Oskar war es nur recht. Seit er sich erinnern konnte, schmückte er gemeinsam mit seiner Mutter die Wohnung. Jeder Engel, jeder Stern, jeder Weihnachtsmann hatte seinen festen Platz. Eigentlich konnten sie Dietmar überhaupt nicht dabei gebrauchen.

„Kommt ihr zum Teetrinken?" Dietmar Brathfisch hatte den Tisch im Wohnzimmer gedeckt. Im Hintergrund lief der Fernsehapparat. Irgendwo auf der Welt fand mal wieder ein Tennisturnier statt. Dietmar war ein großer Tennisfan, er spielte sogar selbst in der Tennismannschaft der Polizei. Oskar fragte sich, weshalb der Freund seiner Mutter nicht in seiner eigenen Wohnung Tennis guckte. Im Übrigen hatte Dietmar den Tisch nicht richtig gedeckt. Nee, der musste noch einiges lernen, bevor er so richtig zur Familie gehörte.

„Du hast die falschen Tassen genommen. Im Dezember benutzen wir immer unsere schönen Weihnachtsbecher.“ Oskar stellte das grüne Geschirr zurück in den Schrank und holte drei bunt bemalte Porzellanbecher aus der Küche. Auf dem ersten thronte ein Weihnachtsmann auf einem Schlitten voller Geschenke, auf dem zweiten schwebte ein blond gelockter Engel und auf dem dritten glitzerte ein geschmückter Tannenbaum.

„Pass auf: Der Weihnachtsmannbecher gehört mir“, erklärte Oskar. „Der Becher mit dem Engel gehört Mama und den mit dem Tannenbaum kannst du haben.“ Drei Becher und drei Leute. Das konnte Dietmar sich ja wohl merken. Falls er überhaupt zugehört hatte. Er starrte nämlich wie gebannt auf den Bildschirm. „Hast du gehört? Der Weihnachtsmannbecher ist meiner“, wiederholte Oskar vorsichtshalber. „Den darf kein anderer benutzen. Sonst werd ich echt sauer.“

Dietmar Brathfisch riss sich für einen Moment von der Tennisübertragung los. „Wie? Hier verbreiten nicht nur Lichterketten in allen Fenstern ein wunderbares Leuchten, gar nicht von den tausend Weihnachtsmännern und Engeln zu reden, die überall rumstehen oder -hängen. Im Dezember muss man bei euch auch noch besonderes Geschirr benutzen?“

„Genau, Schatz. In der Adventszeit machen wir es uns so richtig gemütlich. Mit unseren Weihnachtsbechern, mit Kerzen und Weihnachtsliedern. Oskar, stell den Fernseher aus und leg eine CD ein. Und du, Schatz, könntest mal eine Kerze anzünden."

Ihr Schatz gehorchte. Besonders glücklich sah er dabei nicht aus. „Das war das Endspiel …", murmelte er. „Gleichstand im alles entscheidenden, fünften Satz. Superspannend."

Katharina Nusspickel konnte er damit allerdings nicht beeindrucken. „Tennis läuft das ganze Jahr. Heute ist der erste Advent. Das wollen wir genießen – mit Kerzen und Weihnachtsmusik. Wofür haben wir sonst alles so schön geschmückt? Ich wette, in deiner Junggesellenbude sieht es nicht halb so gemütlich aus. Hast du überhaupt einen Adventskranz? Vielleicht sollte ich deine Wohnung ein bisschen festlich herrichten? Zum Beispiel morgen nach der Arbeit? Einen Kranz könnte ich in der Mittagspause besorgen."

„Bloß das nicht", entfuhr es Dietmar. „Ähem, ich meine, das ist völlig unnötig, Schatz. Ich bin ja sowieso meistens hier." Er lächelte überfreundlich. „Glaub mir, deine Lichterketten reichen für mich mit."

„Sag mal, könnte es sein, dass dir unsere Art, den Advent zu verbringen, nicht gefällt?"

Dietmar Brathfisch errötete. „Na ja, sagen wir mal, das alles ist ein bisschen viel auf einmal. Das bin ich nicht gewöhnt. Im nächsten Jahr bin ich darauf eingestellt. Dann kann ich auch beim Schmücken helfen."

Im nächsten Jahr, das klang so ähnlich wie „für immer und ewig". Mensch, das hörte sich verdammt ernst an. Katharina Nusspickel schienen Dietmars Worte zu gefallen. Sie tätschelte liebevoll seine Hand. „Es geht eben nichts über ein harmonisches Familienleben."

## 2. Kapitel
# Richtige und falsche Geschenke

Im Klassenzimmer sah es sehr gemütlich aus. Auf den Tischen brannten Teelichter und Frau Mertens hatte das Deckenlicht gelöscht. Alle zusammen sangen „Alle Jahre wieder“. Und danach „Leise rieselt der Schnee“.

Als der letzte Ton verklungen war, schaute Frau Mertens einmal in die Runde. „Schön war das, richtig feierlich.“ Sie lächelte. „Der Dezember ist eben ein ganz besonderer Monat, nicht wahr? Was fällt euch zuerst ein, wenn ihr an Weihnachten denkt?“

Oskars Finger schnellte empor. „Geschenke.“ Weihnachten und Geschenke, das gehörte zusammen.

Neben ihm nickte Fabio. Für ihn war noch etwas anderes wichtig. „Plätzchen essen.“

„Und Weihnachtsstollen, aber ohne Rosinen“, warf Jessica ein. Sie und ihre Freundin Marina saßen vor den beiden Jungen.

Fabio beugte sich ein bisschen nach vorn. „Stollen ohne Rosinen schmeckt doch gar nicht."

„Und ob. Ich werde dich mal einladen, wenn meine Mutter Stollen gebacken hat."

„Mach das lieber nicht. Ehe du dichs versiehst, ist der ganze Stollen aufgegessen", kicherte Oskar.

Tatsächlich war Fabio ein Schnellesser – und ein Vielesser. Eigentlich sogar ein Daueresser. Egal ob Süßigkeiten, Obst oder ein Wurstbrot, Fabio stopfte pausenlos Lebensmittel in seinen Mund. Trotzdem war er so dünn wie eine Spargelstange.

Frau Mertens unterbrach das Gespräch. „Wem fällt noch etwas zum Weihnachtsfest ein?"

Der Adventskranz wurde genannt, überhaupt gehörten Kerzen zur vorweihnachtlichen Stimmung, fanden die Kinder. Genauso wie die Weihnachtslieder und der Besuch des Weihnachtsmarktes.

Oskar meldete sich ein weiteres Mal. „Der Adventskalender!" Dass einem im Dezember jeder Morgen mit einem Stück Schokolade versüßt wurde, war auch nicht zu verachten.

Am wichtigsten aber, da waren sich alle Kinder einig, blieben die Geschenke.

„Darauf freut man sich doch schon das ganze Jahr", sagte Hendrik. Und dann behauptete er, dass sein Wunschzettel bereits einen halben Meter lang sei. Und dass er noch längst nicht fertig wäre.

Jessica krauste verächtlich die Nase. „Ich wünsche mir überhaupt nicht viel. Nur eine neue Jeans, Sneaker, ein Tablet-PC, knallrote Bettwäsche und einen Fernsehapparat für mein Zimmer. Ach ja, und dann noch ein paar Bücher."

„Überhaupt nicht viel", lästerte Fabio. Als er seine eigenen Wünsche aufzählte, unter anderem ein neues Fahrrad, eine Playstation mit vielen Spielen und ein Aquarium, lachten einige aus der Klasse. Und Jessica meinte schnippisch, dass er keineswegs bescheidener sei als sie selbst. Was Fabio insgeheim zugeben musste.

Frau Mertens ließ die Kinder eine ganze Weile reden. Dann fragte sie, wem die Kinder selbst zu Weihnachten etwas schenken wollten.

Gleich war es stiller im Klassenzimmer. Kevin erzählte, dass er seinen Eltern Gutscheine ausstellen wolle. „Zweimal Abwaschen und Abtrocknen kriegt meine Mutter und zweimal Auto aussaugen mein Vater. Gutscheine sind das Beste. Weil ich dann mein Geld sparen kann." Er grinste.

Mensch, das war ja mal eine gute Idee. Oskar beschloss augenblicklich, seiner Mutter auch einen Gutschein zu schenken. Für dreimal Abwaschen ohne Abtrocknen. Man musste es ja nicht gleich übertreiben.

„Soso, Kevin. Du möchtest also dein Geld sparen. Und wenn deine Eltern dir jetzt auch Gutscheine schenken würden? Für zehnmal bei den Hausaufgaben helfen oder fünfmal eine Gutenachtgeschichte lesen, damit sie ihr Geld auch sparen können?" Frau Mertens lächelte den Jungen an.

Der errötete. „Das ist ja was anderes. Eltern machen so was nicht. Die kaufen richtige Geschenke, im Laden. Damit die Kinder sich freuen."

„Wenn du findest, dass ein Gutschein kein richtiges Geschenk ist, solltest du selbst auch keinen zu Weihnachten verschenken", sagte Jessica streng.

Kevin schwieg. Auch Oskar beschloss, sich lieber etwas anderes für seine Mutter einfallen zu lassen. Am besten kaufte er einen Kerzenständer mit einer schönen Kerze. So etwas gefiel Katharina Nusspickel.

Jetzt erklärte Frau Mertens, dass sie sich über einen Gutschein sehr freuen würde. „Wenn jemand mir zweimal Abwaschen und Abtrocknen schenkt, finde ich das toll. Weil er mir damit ein Stück seiner Zeit überlässt. Und Zeit ist etwas sehr Kostbares, meint ihr nicht?"

Einige Kinder nickten. Und dann erzählten sie, dass ihre Eltern oft keine Zeit für sie hätten.

„Wenn mein Vater nicht arbeitet, guckt er stundenlang Fußball. Und wir dürfen keinen Piep sagen", beschwerte sich Sabine. „Er könnte uns einen Gutschein für eine Woche ohne Fußballgucken schenken. Das wäre toll."

Oskar fiel ein, dass seine Mutter ihm früher an jedem Abend eine Gutenachtgeschichte vorgelesen hatte. Jetzt war Katharina Nusspickel abends meist müde von der Arbeit. Außerdem fand sie, dass Oskar groß genug sei, um selbst zu lesen. Schade. Aber dass ein bedeutender Detektiv sich manchmal in seine Kindergartenzeit zurücksehnte, brauchte hier niemand zu erfahren.

Inzwischen hatte sich auch schon Marina gemeldet. Ihre Tante schenkte ihr regelmäßig zu Weihnachten einen Gutschein für einen Stadtbummel. „Dann gucken wir stundenlang Klamotten an, bis wir etwas

Schönes für mich gefunden haben. Und hinterher essen wir Eis. Sonst gehe ich nie mit meiner Tante in die Stadt. Sie arbeitet und hat wenig Zeit."

Frau Mertens nickte. „Siehst du, genau das meine ich. Deine Tante könnte dir ja auch ganz einfach einen Pulli kaufen. Aber so schenkt sie dir einen Nachmittag von ihrer Zeit. Das ist doch ein schönes Geschenk, oder?"

Marina lächelte geschmeichelt. So, als hätte nicht ihre Tante, sondern sie selbst etwas Großartiges geleistet.

Mit erhobenen Händen brach Frau Mertens das Gespräch ab. „So. Und jetzt möchte ich anregen, dass ihr auch ein paar Stunden eurer Zeit zu Weihnachten verschenkt."

„Wir sollen Gutscheine schreiben? Für unsere Eltern?" Fabio kratzte sich am Kopf. „Ich hab aber schon was gekauft. Einen Porzellanengel für meine Mutter und einen Schlüsselanhänger für meinen Vater."

„Und meine Mutter kriegt ein Paket Erdbeertee. Den trinkt sie so gern", ließ Jessica verlauten. „Außerdem haben wir eine Spülmaschine. Bei uns braucht keiner abzuwaschen."

„Pssst." Frau Mertens hielt den Zeigefinger vor ihren Mund. „Nun hört doch erst einmal zu. Es geht nicht um eure Eltern. Das werdet ihr schon allein regeln. Nein, ich dachte, dass wir als Klasse 4a jemanden beschenken könnten, der sonst nichts bekommt."

„Hä? Ich soll bei einem Wildfremden spülen? Nöö, das mach ich nicht.“ Oskar schüttelte sehr entschieden den Kopf. Also, Lehrer hatten manchmal vielleicht Einfälle!

Selbst Jessica war ausnahmsweise seiner Meinung. „Frau Mertens!“ Sie meldete sich. „Ich gehe auch nicht zu fremden Leuten in die Wohnung.“

„Nein. Da habt ihr mich missverstanden. Ich dachte, dass wir gemeinsam Geld sammeln. Und das Geld spenden wir für eine gute Sache.“

Das wurde ja immer schöner. Frau Mertens ging es überhaupt nicht um die freie Zeit ihrer Schüler, nein, sie verlangte ihr Geld!

„Ich brauche mein Taschengeld aber selbst. Für Weihnachtsgeschenke!“, erklärte Marina geradeheraus. „Meine Eltern bekommen ohne meine Geschenke auch nichts zu Weihnachten.“

Die Lehrerin seufzte. „Ich glaube, wir reden die ganze Zeit aneinander vorbei. Jetzt hört einfach mal zu.“ Mit wenigen Worten erklärte sie ihren Plan. Die Kinder sollten Geld sammeln, für einen guten Zweck. „Bis morgen überlegt sich jeder, was ein guter Zweck sein könnte. Und jetzt schlagen wir unsere Lesebücher auf.“

## 3. Kapitel
## Möchtegern-Plätzchen und ein dreifacher Wunschzettel

„Die ersten Plätzchen sind fertig!“ Mit vor Stolz geröteten Wangen stellte Katharina Nusspickel einen Teller auf den Tisch. Darauf befanden sich … nun ja, kleine braune Häufchen. Anders konnte man diese Möchtegern-Plätzchen nicht beschreiben: kleine, braune Häufchen, die nicht gerade appetitlich aussahen.

„Ich habe nur gesunde Zutaten verwendet, wie Vollkorn-Dinkelmehl und Nüsse“, verkündete Oskars Mutter. „Den weißen Industriezucker habe ich durch braunen Rohrzucker ersetzt.“

Brauner Zucker und Vollkorn-Dinkelmehl – das hörte sich ja nicht besonders lecker an. Oskar und Dietmar Brathfisch wechselten einen langen Blick. Dann griff Dietmar Brathfisch nach einem der braunen Teilchen. Heldenhaft fand Oskar das. Aber der Freund seiner Mutter war von Beruf ja auch Kommissar. Und ein Polizist musste mutig sein. Das konnte man jeden Tag im Fernsehen beobachten.

Dietmar Brathfisch steckte das braune Häufchen in den Mund und kaute. Und kaute und kaute. Es hörte sich an, als ob ein Laster langsam über einen Kiesweg fahren würde. Mit anderen Worten: Es knirschte. Mühsam schluckte Dietmar. Dann sagte er: „Ein bisschen trocken, Schatz, oder?“

„Findest du?“ Katharina Nusspickel steckte ebenfalls einen Keks in den Mund. Auch bei ihr knirschte es hörbar. Sie bemühte sich natürlich, nicht so lange auf dem Plätzchen herumzukauen, was ihr aber nicht gelang. Schließlich sagte sie: „Nun ja, Vollkorngebäck erscheint immer ein wenig trocken. Aber es ist gesund, sehr gesund. Man kann davon so viel essen, wie man möchte. Ohne schlechtes Gewissen.“

„Hörst du, Oskar? Du darfst so viele Plätzchen essen, wie du magst.“ Dietmar Brathfisch schob den Teller in die Tischmitte. „Wie ihr wisst, bin ich sowieso kein Freund von süßen Sachen.“

Wie bitte? Dietmar wollte kein Freund von süßen Sachen sein? Von wegen! Im Sommer war er Dauergast in der Eisdiele. Und wenn eine Tafel Schokolade auf dem Tisch lag, musste man sich beeilen, um auch ein Stück abzubekommen.

Genau wie Oskar es befürchtet hatte, forderte seine Mutter ihn jetzt auf, die Plätzchen auch zu probieren.

Ein Entrinnen gab es höchstwahrscheinlich nicht, aber er wollte es wenigstens versuchen: „Weiß nicht. Mir ist gerade nicht so nach Plätzchen. Außerdem sehen die nicht besonders lecker aus."

„Unsinn", lautete die Antwort. Und dann folgte der Befehl: „Probier jetzt!"

Misstrauisch beäugte Oskar die unansehnlichen Häufchen. „Warum hast du keine Sterne ausgestochen? Und wo ist der Zuckerguss?"

„Der Teig eignet sich nicht zum Ausstechen. Und Zuckerguss ist ungesund. Ich hab doch gerade gesagt, dass diese Plätzchen vollwertig sind." Katharina Nusspickels Stimme klang jetzt gar nicht mehr gut gelaunt.

Oskar blieb nichts anderes übrig, als zu gehorchen. Wie erwartet schmeckte das Gebäck nach nichts. Und das Kauen strengte richtig an.

In diesem Fall half wohl nur die Wahrheit. Ehe Katharina Nusspickel noch mehr Plätzchen in dieser Art fabrizierte. „Mag ich nicht. Die schmecken nicht nach Weihnachten. Hier."

Oskar stellte den Teller direkt vor seine Mutter. „Du kannst so viel davon essen, wie du willst. Sie sind supergesund, ganz ohne weißen Zucker. Machen garantiert nicht dick. Sie knirschen allerdings beim Kauen."

Aus war es mit der gemütlichen Stimmung. Katharina Nusspickel starrte säuerlich auf die Plätzchen. „Ich habe gestern zwei Stunden in der Küche gestanden. Das nächste Mal kaufe ich fertige Plätzchen."

„Au ja, mit Zuckerguss und Schokolade", freute sich Oskar. Aber das hatte seine Mutter wohl nicht hören wollen. Jedenfalls warf sie ihm einen bitterbösen Blick zu.

An diesem Abend wurde Oskar früh ins Bett geschickt. Um halb acht, das muss man sich mal vorstellen! Nur weil seine Mutter und Dietmar noch ins Kino wollten. Normalerweise hätte er das nicht so klaglos hingenommen. In der Adventszeit allerdings empfahl es sich, brav zu sein. An den Weihnachtsmann glaubte Oskar schon längst nicht mehr. Er wusste sehr wohl, dass seine Mutter für die Geschenke zuständig war. Und deshalb vermied er es, sie in diesen Wochen unnötig zu verärgern.

Geschenke! Weihnachten! Heiligabend! Bescherung! Mit wohligem Lächeln ließ Oskar sich auf sein weiches Kopfkissen fallen – um gleich darauf aufzuspringen.

Mensch, er hatte ja noch gar nicht mit seinem Wunschzettel angefangen. Bis Weihnachten waren es nur noch 21 Tage. Und er musste den Zettel gleich zweimal schreiben. Einmal für seine Mutter und dann noch einmal für seinen Vater, Lothar Rittersberg, der in Hamburg wohnte. Ihn und Oskars Mutter verband nur eines: ihr gemeinsames Kind, also Oskar Nusspickel. Ansonsten hatten die beiden grundsätzlich gegenteilige Ansichten. Sie konnten nicht fünf Minuten miteinander telefonieren, ohne sich zu zanken. Über die Bundesregierung, das Wetter und vor allem über Lothars Beruf. Er reparierte die Kühlanlagen von Atomkraftwerken, weltweit. Katharina Nusspickel betonte bei jeder Gelegenheit, dass alle Atomkraftwerke abgestellt gehörten. Und dann sagte sie, dass sie sehr froh wäre, Lothar seinerzeit nicht geheiratet zu haben. Weil einer, der sein Geld in der Atomindustrie verdiene, kein Gewissen hätte.

Oskar wusste nicht genau, ob er für oder gegen Atomkraftwerke war. Er wusste nur, dass sein Vater jede Menge Geld verdiente. Und dass er selbst viel zu wenig davon abbekam. Was nicht etwa an Lothar Rittersberg lag. Oh nein, der zeigte sich seinem einzigen Kind gegenüber stets großzügig. Katharina Nusspickel trug die Schuld. Angeblich schadete es Oskars Entwicklung, wenn er mit teuren Geschenken überhäuft wurde. Oskar sollte den Wert der Dinge schätzen lernen, was immer das auch bedeutete.

Ein plötzlicher Gedanke ließ Oskar erstrahlen. Wenn er so recht darüber nachdachte, brauchte er in diesem Jahr nicht zwei, sondern drei Wunschzettel. Einer, der sich so ungeniert wie Dietmar in Oskars Privatleben breitmachte, musste schließlich irgendwann dafür bezahlen. Zum Beispiel am Heiligabend in Form von Geschenken. Vielleicht war so ein Mutterfreund doch nicht verkehrt.

Kaum zu glauben, was man alles brauchte, wenn man darüber nachdachte. Oskar schwitzte über seinem Wunschzettel. Zuerst kam sein größter Wunsch, der seit Jahren ganz oben auf dem Wunschzettel stand und nie erfüllt wurde:

*Ich wünsche mir einen Hund!!!*

Dahinter setzte er drei Ausrufezeichen, damit seine Mutter begriff, wie gern er einen vierbeinigen Freund hätte. Dann kamen die Sachen, die er höchstwahrscheinlich auch nicht bekam; weil sie zu teuer waren oder weil seine Mutter fand, dass er sie nicht brauchte. Woher eine erwachsene Frau allerdings wissen wollte, was ein zehnjähriger Junge brauchte, verstand er nicht.

*Ich wünsche mir außerdem:*
*– einen Fernsehapparat für mein Zimmer*
*– eine Playstation*
*– ein Geländerad mit 27 Gängen*
*– einen langen Urlaub im Disneyland*
*– ein eigenes Handy*

So. Jetzt folgten die Wünsche, die wahrscheinlich erfüllt wurden. Jedenfalls einige davon:

– *eine Digitalkamera*
– *eine Lego-Technik-Raumstation*
– *ein Mikroskop*
– *ein Buch über Hunde*
– *eine Armbanduhr mit Stoppfunktion*
– *Skaterschuhe*
– *eine Lupe*
– *ein Fernglas*

## 4. Kapitel
## **Ein guter Zweck – was kann das sein?**

Die Hausaufgabe mit dem guten Zweck hatte Oskar vor lauter Wunschzettelschreiben glatt vergessen. Zum Glück fiel das aber nicht weiter auf. Seine Mitschüler hatten sich genug Gedanken zu diesem Thema gemacht.

Hendrik zum Beispiel konnte es gar nicht erwarten, seine Idee loszuwerden. Er schnipste mit den Fingern und rief unentwegt: „Frau Mertens, Frau Mertens!“ Der Lehrerin blieb gar nichts anderes übrig, als ihn zuerst dranzunehmen. „Ich weiß was Tolles! Wir gehen von dem Geld ins Kino. Das ist ein sehr guter Zweck.“

Viele Kinder waren begeistert. Eine lautstarke Diskussion entbrannte darüber, welchen Film man anschauen könnte.

„Kino ist doch nichts Besonderes“, fand Anna-Lena. Sie schlug vor, gemeinsam in die Nachbarstadt zu fahren. In die Eislaufhalle, die sehr viel Eintritt kostete. „Das kann man sich normalerweise ja gar nicht leisten.“

Gleich winkten einige ab, weil sie keine Schlittschuhe besaßen.

„Ein Besuch im Kino oder in der Eislaufhalle. Glaubt ihr, dass ich so etwas gemeint habe?“ Frau Mertens runzelte die Stirn. „Ich sprach davon, jemandem etwas zu schenken, der normalerweise nichts zu Weihnachten bekommt.“

Ach so. Eine Weile blieb es still. Dann meldete sich Jessica. „Vielleicht unsere Nachbarin. Die ist so gehässig, dass sie sich mit jedem zankt. Sogar mit ihrer einzigen Tochter. Die kriegt bestimmt nichts zu Weihnachten. Der könnten wir eine Schachtel Pralinen kaufen.“

„Nee. Wenn sie so ein Streithammel ist, hat sie nichts verdient“, fand Oskar. „Für so eine hab ich keine Lust, Geld zu sammeln.“

„Das Städtische Tierheim!“, rief Marina aufgeregt. „Wir haben letztes Jahr unseren Hund aus dem Tierheim geholt. Es war schrecklich dort. Weil alle Hunde in kleinen Käfigen eingesperrt sind. Die Frau hat gesagt, wenn sie Geld hätten, würden sie einen Auslauf bauen, damit sie auch mal raus können.“

Wie traurig ein Hundeleben aussah, das nur in einem winzigen Käfig stattfand, konnte sich jeder vorstellen.

„Genau. Die brauchen das Geld viel nötiger als deine zänkische Nachbarin.“ Fabio drehte sich zu Jessica um. Und die, man stelle es sich vor, widersprach nicht einmal. Im Gegenteil: Sie erklärte, dass sie für die armen Hunde gern ein paar Nachmittage im Dezember opfern würde.

Am Ende war Hendrik der Einzige, der das Geld lieber für einen Kinobesuch ausgeben wollte. Er behauptete, Hunde nicht leiden zu können. „Mich hat nämlich mal ein Dackel gebissen. Hier, man sieht immer noch die Narbe.“ Er hob seinen rechten Daumen in die Höhe.

Marinas Mitleid konnte er damit allerdings nicht erregen. „Bestimmt hast du den armen Hund geärgert. Hunde beißen nicht einfach so. Höchstens, wenn sie monatelang in einem Käfig eingesperrt sind, können sie bissig werden. Deshalb brauchen sie ja den Auslauf. Das stimmt doch, Frau Mertens, oder?“

Die Lehrerin nickte. Und dann sagte sie zu Hendrik, dass er nicht alle Hunde ablehnen könne, nur weil ein Dackel ihn einmal gezwickt habe.

„Gezwickt? Von wegen! Der hat richtig gemein zugebissen!“ Hendrik hielt ein weiteres Mal seinen Finger mit der Narbe in die Höhe. Doch die anderen hatten längst beschlossen, Geld für das Tierheim zu sammeln.

Aber wie? Einfach nur an den Haustüren zu klingeln und um Spenden zu bitten, reichte nicht aus. Im

Dezember waren sehr viele Leute unterwegs, die Geld für irgendeinen guten Zweck sammeln wollten. Nein, man musste den Menschen schon etwas bieten, damit sie sich richtig freigebig zeigten.

Die Idee, ein Krippenspiel vorzuführen und Eintrittsgeld zu nehmen, wurde gleich wieder verworfen. Man hätte viel früher damit anfangen müssen, schließlich gab es eine Menge Text auswendig zu lernen.

Abwaschen bei anderen Leuten kam auch nicht infrage. Was, wenn dabei Geschirr zu Bruch ging? Außerdem hatten die meisten keine Lust zum Spülen.

Frau Mertens schlug schließlich vor, dass die Kinder als Weihnachtsengel verkleidet von Tür zu Tür ziehen sollten. „Ihr singt ein schönes Weihnachtslied, zweistimmig. Das üben wir vorher in der Schule. Und dann bittet ihr um eine Spende für das Tierheim. Und damit die Aktion richtig angenommen wird, werden wir sie vorher in der Zeitung ankündigen. Beim Ordnungsamt muss man so eine Sammelaktion natürlich auch anmelden,

damit alles seine Richtigkeit hat. Das werde ich gleich heute Nachmittag erledigen."

Oskar schluckte. Ein Weihnachtslied singen, zweistimmig auch noch. Okay, das ließ sich zur Not machen. Geld sammeln, das war auch in Ordnung. Aber die Verkleidung, das war einfach blöd. Und überhaupt – seit wann gab es männliche Engel? Er meldete sich: „Ich geh nicht als Engel. Das ist nur was für Mädchen."

„Ach, das ist ja interessant. Engel sind weiblich? Und was ist mit dem Erzengel Gabriel?" Frau Mertens grinste.

Von einem Erzengel Gabriel hatte Oskar noch nie gehört. Den hatte Frau Mertens sich bestimmt gerade ausgedacht.

„Wir sollen keine Erzengel sein, sondern Weihnachtsengel. Das haben Sie selbst gesagt. Und Weihnachtsengel sehen aus wie kleine Mädchen. Ich weiß was Besseres", fuhr er fort. „Ich verkleide mich als Weihnachtsmann."

„Da mach ich mit." So, wie es sich für einen allerbesten Freund gehörte, stand Fabio Oskar zur Seite. „Wir beide treten als Weihnachtsmänner auf. Mit weißen Bärten aus Watte!"

„Genau. Und wir stopfen uns ein Sofakissen unter den Pullover, damit es aussieht, als ob wir einen dicken Bauch haben", freute sich Oskar. „Und wenn die Leute kein Geld geben wollen, kriegen sie was mit der Rute drüber!"

„Da mach ich auch mit!", grölte Kevin. „Ich geh zu meinem Nachbarn. Und der kriegt gleich eins mit der Rute!"

Unwillig klopfte Frau Mertens mit ihrem Bleistift auf den Schreibtisch. „Hört auf mit dem Unsinn. Ihr werdet ganz bestimmt nicht als Weihnachtsmänner verkleidet andere Leute schlagen."

Jessica, die sich insgeheim bereits als wunderschöner Weihnachtsengel sah, tippte sich gegen die Stirn. „Oskar Nusspickel, du spinnst mal wieder. Auf meinem Weihnachtskalender ist ein Engelschor. Zwei der Engel haben ganz kurze Haare. Das sind die Jungs."

Ehe Oskar eine passende Antwort einfiel, beendete Frau Mertens das Gespräch. Sie fand, es wäre Zeit, die Mathebücher aufzuschlagen. Und dann behauptete sie, das mit dem Weihnachtsengelchor wäre jetzt beschlossene Sache. Oskars lautstarken Protest überhörte sie einfach.

## 5. Kapitel
## **Seit wann tragen Jungen Kleider?**

„Hier.“ Wütend zog Oskar Nusspickel ein bedrucktes Blatt aus seinem Ranzen. „So soll das Kostüm aussehen, hat Frau Mertens gesagt.“

Katharina Nusspickel, die gerade aus dem Büro gekommen war, studierte das Papier. „Aus einem alten Bettbezug“, las sie laut vor. „Da kann ich Oma fragen, die hat noch genug weiße Leinenbezüge im Schrank. Und das Kleid soll so weit geschnitten sein, dass du eine warme Jacke unterziehen kannst. Sehr vernünftig.“

Kleid!!! Das war es ja. Seit wann trugen Jungen Kleider?

„Ich mach da nicht mit. Ich bin doch nicht blöd!“ Trotzig verschränkte Oskar die Arme vor der Brust. „Dazu kann Frau Mertens mich nicht zwingen!“

Seine Mutter lächelte. „Wir werden sehen. Jetzt erzähl erst einmal genauer. Ihr sollt also als Weihnachtsengel durch die Straßen ziehen und Geld sammeln, richtig?"

„Ja. Weil Frau Mertens findet, dass man an Weihnachten nicht nur an sich selbst denken darf. Man muss auch etwas Gutes tun. Jemandem etwas schenken, der sonst nichts bekommen würde."

„Das finde ich richtig toll. Und wer soll dieser Jemand sein?", wollte Katharina Nusspickel wissen.

„Das Städtische Tierheim. Die brauchen einen Freiauslauf für die vielen Hunde. Und dafür sammeln wir Spenden." Oskar seufzte schwer.

„Das hört sich ja an, als ob du nicht einverstanden bist. Und ich dachte immer, dass du Hunde magst. Damals, die Sache mit Rosinchen …"

Im Sommer hatte Oskar den Hund einer älteren Dame ausgeführt. Er hieß Rosinchen. Als jemand die Zwergpudeldame entführte, war es Oskar gelungen, das Tier aufzuspüren und seiner rechtmäßigen Besitzerin zurückzubringen.

Na ja, genau genommen hatte Oskar den Fall nicht allein gelöst. Fabio hatte ihm geholfen, und dann noch Jessica und Marina. Aber da er sich selbst für den größten Detektiv der Stadt hielt, verschwieg er das gern.

„Klar mag ich Tiere. Und ich finde es auch gut, wenn die Hunde einen Auslauf kriegen. Den ganzen Tag im Käfig, das ist ja schrecklich. Aber ich will kein Engel sein. In einem langen Kleid … Schließlich bin ich ein Junge."

„Komm, stell dich nicht an. Denk an die armen Hunde. Außerdem bist du ja nicht allein. Die anderen Jungs aus deiner Klasse müssen sich auch verkleiden. Ich ruf gleich mal bei Oma an." Katharina Nusspickel verschwand in ihrem Schlafzimmer.

Oskar durchsuchte unterdessen die Küche nach etwas Essbarem. Weihnachtlich sollte es sein und sehr, sehr süß. Doch auf dem Tisch stand nur die Schale mit den Dinkel-Nuss-Plätzchen, die niemand aß. Nicht einmal seine Mutter. Früher hatte es in der Adventszeit immer selbst gebackene Zimtsterne gegeben. Vanillekipferl und Zitronentaler mit viel weißem Zuckerguss – und Weihnachtsmänner aus Marzipan. Was für ein Unglück, dass seine Mutter diesen Kurs über gesunde Ernährung bei der Volkshochschule besucht hatte.

Vielleicht, überlegte Oskar, sollte er eine Karte an den Leiter der Volkshochschule schreiben und sich beschweren, weil der mit seinen blöden Kursen Oskars ganze Adventszeit verdorben hatte. Doch ehe er seinen Entschluss in die Tat umsetzen konnte, rief seine Mutter ihn in die Stube.

„Oskar, setz dich mal zu mir. Ich möchte etwas Wichtiges mit dir besprechen."

Wichtige Dinge waren meistens unangenehm. Vielleicht hatte seine Mutter kein Geld für Weihnachtsgeschenke. Sie war doch immer so knapp bei Kasse. Oder sie wollte ihm schonend beibringen, dass Oma keine alten Bettlaken für das Engelskostüm besaß. Was Oskar nicht allzu schlimm gefunden hätte.

„Oskar, du weißt ja, Dietmar und ich, nun ja ..." Katharina Nusspickel zupfte ein paar unsichtbare Fusseln von ihrem Pullover.

„Ihr habt euch gestritten", beendete Oskar den Satz für seine Mutter.

„Nein, Unsinn. Im Gegenteil."

„Ihr wollt heiraten!" Entsetzt riss Oskar seine Augen auf. Das hatte er ja die ganze Zeit geahnt. Dieser Brathfisch wollte seinen albernen Namen loswerden und künftig Dietmar Nusspickel heißen. Was denn sonst?

„Nein, das nun auch nicht."

Oskar atmete erleichtert auf. Das Weihnachtsfest war gerettet. „Was ist mit Dietmar?"

„Um es kurz zu machen: Dietmar hat ein Haus geerbt, in der Hortensienstraße."

„Da freut er sich bestimmt."

Oskar selbst gefiel diese Neuigkeit auch. Wer ein Haus besaß, musste ständig im Garten arbeiten. Das kannte er von seinen Großeltern. Wenn sie nicht den Rasen mähten oder die Beete von Unkraut befreiten, musste bestimmt die Hecke geschnitten werden. So wie es aussah, hatte Dietmar in Zukunft nicht mehr so viel Zeit, um andere Leute zu besuchen. Super.

„Ja, er freut sich auch. Aber ein ganzes Haus für einen allein ist ein bisschen groß, verstehst du?" Katharina Nusspickel schaute ihren Sohn eindringlich an.

Vor Schreck wurde es Oskar ganz schummrig. Und hätte er nicht gesessen, wäre er bestimmt rückwärts umgekippt. Seine Mutter wollte also mit Dietmar zusammenziehen. Was das bedeutete, war ja wohl klar. Nie mehr zu zweit frühstücken, nie mehr zu zweit auf der Couch kuscheln. Überall würde dieser Dietmar sich dazwischendrängeln. Nee, das kam überhaupt nicht infrage!

„Ich will nicht mit Dietmar Brathfisch zusammenwohnen, falls du das wissen willst. Wenn du da einziehst, packe ich meine Sachen und gehe zu Oma.

Dietmar ist ein Wildfremder und mit Wildfremden wohne ich nicht zusammen."

Katharina Nusspickel seufzte. „Du kannst es dir ja noch in aller Ruhe überlegen. Das Haus ist wirklich hübsch. Und du könntest zu Fuß zur Schule gehen."

„Und wozu hab ich dann ein Fahrrad?", schimpfte Oskar. „Soll mein schönes Rad im Keller verrosten? Ich zieh da nicht ein, merk dir das!" Er sprang auf, raste in sein Zimmer und knallte die Tür hinter sich zu.

## 6. Kapitel
## **Falsche Locken, ein langer und ein kurzer Ärmel**

Am nächsten Tag wurde das Haus in der Hortensienstraße nicht mehr erwähnt. Oskar und seine Mutter benahmen sich, als hätte das Gespräch überhaupt nicht stattgefunden. Bestimmt hoffte Katharina Nusspickel, dass Oskar sich langsam an den Gedanken gewöhnte. Aber da konnte sie lange warten, bis in alle Ewigkeit.

Während Oskar über seinen Hausaufgaben brütete, saß seine Mutter an ihrer Nähmaschine. Dann und wann hörte man ein leises Fluchen. Nähen gehörte nicht gerade zu ihren Lieblingsbeschäftigungen.

Besonders talentiert war sie im Nähen auch nicht, wie sich bei der Anprobe herausstellte. Die beiden Ärmel von Oskars Engelsgewand waren verschieden lang. Das würde schon niemand bemerken, meinte seine Mutter.

Nun, Oskar hatte es sofort gesehen. „Ich will sowieso kein Engel sein. Und schon gar nicht ein Engel mit verschieden langen Ärmeln! Du willst nur, dass alle mich auslachen!“

Katharina Nusspickel schnaubte empört. Sie schätzte es gar nicht, wenn man ihre Fähigkeiten kritisierte. „Stell dich nicht so an. Ich habe zwei Stunden an dem blöden Kleid gesessen.“

Aha, jetzt hatte sie sich verraten. „Siehst du“, triumphierte Oskar. „Du findest das Kleid selbst blöd. Und ich soll damit in die Öffentlichkeit gehen.“

„Ruhe jetzt! Du ziehst das Kleid an und basta. Außerdem brauchst du dir keine Sorgen zu machen. Kein Mensch wird dich erkennen. Du gehst gewissermaßen inkognito.“

„In was bitte?“, fragte Oskar verwirrt.

„‚Inkognito‘, das kommt aus dem Lateinischen und bedeutet ‚unerkannterweise‘“, erklärte Dietmar Brathfisch, der es sich zum dritten Mal in dieser Woche im Wohnzimmer gemütlich machte. Nicht einmal die Lichterketten konnten ihn mehr schrecken.

Na ja, bald würde er nicht mehr so viel Zeit haben. Wenn er erst im Garten seines geerbten Häuschens schuften musste, war er abends bestimmt zu müde, um sich auf dem Nusspickel'schen Sofa heimisch einzurichten.

„Inkognito“ hieß also „unerkannterweise“. Genau das war Oskars Wunsch: dass ihn niemand als Engel erkannte. Aber wie sollte das funktionieren?

Seine Mutter runzelte die Stirn. „Wenn du endlich das Kleid anziehst, wirst du es erfahren. Ich hab nämlich eine Überraschung für dich. Obwohl ich gar nicht weiß, womit du das verdient hast."

Eine Überraschung? Das hörte sich gut an. In Windeseile schlüpfte Oskar in das weiße Gewand, dessen linker Ärmel weit über seine Finger reichte, während der rechte kurz über dem Handgelenk endete.

„Die Leute werden denken, dass ich schief gewachsen bin."

Unwillig schüttelte Katharina Nusspickel den Kopf. „Blödsinn." Und dann zog sie etwas aus einer Plastiktüte, etwas Blondes, Wildgelocktes: eine Perücke. „Die kommt von Brigitte. Sie hat sie letztes Jahr zu Karneval gekauft. Mit dieser blonden Lockenpracht verwandeln wir dich in einen waschechten Engel. Glaub mir, kein Mensch wird auf die Ärmel gucken."

Die Perücke fühlte sich kratzig an. Schon nach wenigen Minuten juckte Oskars Kopfhaut wie verrückt. Aber egal. Solange ihn niemand erkannte, würde er das gern ertragen. Er betrachtete sich ausgiebig im Spiegel. Ja, das war nicht schlecht: Vor lauter Locken sah man gar keinen Oskar mehr.

Dietmar gab ein Geräusch von sich, das wie unterdrücktes Lachen klang. Als Oskar ihn anschaute, verzog er allerdings keine Miene. „Deine Mutter hat recht. Du siehst plötzlich wie ein richtiger Engel aus. Jetzt musst du uns nur noch eine Kostprobe von deinen Gesangskünsten geben."

Aber das fiel Oskar im Traum nicht ein. „Geht nicht. Ich kann nur die zweite Stimme. Da fehlt die Melodie."

„Schade", fand Dietmar. Und dann bot er sich an, die erste Stimme zu singen. „Ich hab früher im Kirchenchor gesungen, ehrlich. Ich kenne alle Weihnachtslieder."

Oskar grinste. „Okay, wir singen zusammen. ‚Alle Jahre wieder', alle drei Strophen. Ich hoffe, du kennst den Text wirklich." Er ließ eine kleine Pause. „Aber nur, wenn du dich auch als Engel verkleidest. Mama, würdest du Dietmar bitte auch so ein Kleid nähen? Mit zwei verschieden langen Ärmeln?"

Aus dem gemeinsamen Gesang wurde dann doch nichts.

## 7. Kapitel
## Der Engel des Jahres

Die Kinder trafen sich um halb drei bei Jessica. Oskars Weihnachtsengelverkleidung steckte in einer Tüte. Keinen Meter mehr als nötig wollte er sich damit in der Öffentlichkeit zeigen.

Jessica und Marina hatten sich bereits in zwei Engel verwandelt. Ihre Kleider, die Marinas Oma genäht hatte, waren mit Spitzen verziert und über und über mit goldenen Sternen besetzt. Dazu trugen die beiden auch noch goldene Haarreifen, die ebenfalls mit Sternen beklebt waren. Die Krönung des Ganzen bildeten die Flügel aus Pappe, die am Rücken der Kleider befestigt waren.

„Super", lästerte Oskar. „Ihr seht aus, als ob ihr jeden Moment losfliegen könnt."

Und dann ließ er seine Arme wie Hubschrauberrotoren kreisen.

„Blödmann“, fauchte Jessica. „Wehe du machst das nachher, wenn wir unterwegs sind!“

Fabio trug auch schon sein Kostüm: ein ganz schlichtes, langes Kleid. Das mit den Ärmeln hatte seine Mutter allerdings prima hingekriegt. Die waren genau gleich lang.

Jetzt kam Oskars große Stunde. Er zog das Kleid, das seine Mutter genäht hatte, aus der Tüte. Noch ehe er reinschlüpfen konnte, riss Jessica ihm das Kostüm aus der Hand.

„Mensch, Oskar!“, schimpfte sie. „Das ist ja total verknüllt. Warum hast du dein Kleid nicht ordentlich zusammengefaltet? Es sieht ja furchtbar aus!“ Sie riss ihre Zimmertür auf. „Mama? Mamaaaa! Kannst du Oskars Kleid bügeln? Der Depp hat alles verknittert! So können wir ihn unmöglich mitnehmen.“

Depp? Nur weil das Kleid nicht mehr so glatt wie gestern aussah? „Ich kenn mich eben nicht mit Kleidern aus. Bin doch kein Weib“, fauchte Oskar. „Die paar Falten stören mich nicht.“

„Zeig mal her, ach du liebe Zeit.“ Frau Hamann, Jessicas Mutter, betrachtete kopfschüttelnd Oskars Engelsgewand, dann verschwand sie, um es glatt zu bügeln.

Oskar beschloss sich nicht zu ärgern. Wenn diese Frau Hamann freiwillig die Wäsche von anderen Leuten bügeln wollte, bitte. Seine eigene Mutter hätte er da nicht zu fragen brauchen. Katharina Nusspickel hasste es, zu bügeln. Ihr hätte es auch keinen Spaß gemacht, alberne Goldsterne auf Engelsgewänder zu kleben oder Flügel aus Pappe auszuschneiden.

In diesem Augenblick kehrte Frau Hamann zurück ins Zimmer. Sie hielt Oskar das frisch gebügelte Engelsgewand hin. „Hier. Übrigens hat deine Mutter sich verschnitten. Der rechte Ärmel ist bedeutend länger als der linke."

„Weiß ich. Das ist Absicht", behauptete Oskar kühn. „Meine Mutter wollte, dass mein Kleid ganz besonders aussieht, damit es keine Verwechslungen gibt." Er schlüpfte in das frisch gebügelte Kleid, zog seine blonde Lockenperücke aus der Tüte und stülpte sie über seinen Kopf. „Na? Wie sieht das aus?"

Ha, diese Hamanns hatten wohl geglaubt, dass ihre Jessica der schönste Engel sein würde. Wirklich Pech, dass Oskar Nusspickel sie übertrumpfte. Bestimmt bereute Frau Hamann schon, dass sie sein Kleid gebügelt hatte. Jedenfalls verließ sie den Raum, ohne ein Wort zu sagen.

Auch Marina blieb stumm. Sie starrte Oskar nur an – voller Bewunderung, wie der Junge annahm.

Ihre Freundin Jessica dagegen hatte wie üblich was zu meckern. „Wie das aussieht, willst du wissen? Unmöglich. Da merkt jeder gleich, dass du eine Perücke trägst."

Oskar grinste nur. Er war nämlich noch gar nicht mit seiner Verkleidung fertig. Vergnügt kramte er eine Sonnenbrille aus seiner Hosentasche, ein Modell mit schwarzem Gestell und verspiegelten Gläsern – eine echte Geheimagentenbrille. Damit erkannte ihn garantiert niemand.

Jetzt fand auch Marina ihre Sprache wieder. „Setz sofort die Brille ab! Engel tragen keine Sonnenbrillen."

Auch Fabio murmelte etwas, das wie „ein bisschen übertrieben" klang.

Langsam wurde es Oskar zu bunt. Weshalb durften die anderen eigentlich bestimmen, wie er sich verkleidete? Er starrte Marina wütend an. „Ach, Engel tragen keine Sonnenbrillen? Und woher willst du das wissen? Kennst du vielleicht einen Engel? Kann ich den auch kennenlernen?" Mit einer heftigen Bewegung rückte er seine falschen Locken zurecht. „Ich geh jetzt los. Wenn ihr keine Lust habt, singe ich eben allein." Genau wie erwartet tapsten die drei anderen hinterher.

Im Flur trafen sie Jessicas Mutter, die einen Fotoapparat in der Hand hielt. „Moment, ich will euch noch fotografieren. Bei all der Mühe, die wir uns mit den Kostümen gegeben haben – Oskar???" Sie stutzte einen Moment, dann brach sie in lautes Gelächter aus. „Jürgen, Jürgen!!! Komm schnell, so was hast du noch nicht gesehen!"

Jürgen entpuppte sich als Jessicas Vater. Und der fand Oskars Anblick ebenfalls zum Brüllen komisch. Er lachte, bis ihm die Tränen über die Wangen kullerten: „Super. Setz bloß nicht die Brille ab. Damit gehörst du glatt ins Fernsehen! Moment." Er riss seiner Frau den Fotoapparat aus der Hand. Klick, klick, klick. „Du bist der Engel des Jahres", behauptete er. Und dann schoss er noch eine weitere Serie Fotos.

Oskar schluckte. So hatte er sich die Sache nicht vorgestellt. Keineswegs wollte er als Lachnummer von Tür zu Tür ziehen. „Na gut, dann lass ich die Sonnenbrille eben weg – aber die Perücke behalte ich auf."

Da konnten die anderen nicht widersprechen.

## 8. Kapitel
## **Drei Engel zu viel**

Jessica drückte auf den Klingelknopf. „Du mit deiner lächerlichen Perücke stehst ganz hinten. Damit die Leute nicht vor Schreck die Tür wieder zuknallen. Ich geb den Einsatz“, zischte sie noch, bevor die Tür sich öffnete.

„Eins, zwei, drei: Alle Jahre wieder kommt das Christuskind auf die Erde nie-hie-der, wo wir Menschen sind“, schallte es der älteren Frau entgegen.

Wenn Oskar geglaubt hatte, dass Frau Heinicke ihn unter der blonden Lockenperücke nicht erkennen würde, so hatte er sich geirrt. Als die letzten Töne verklangen, klatschte Rosalinde Heinicke begeistert in die Hände.

„Oskar“, flötete sie, „du siehst ja entzückend aus. Ein richtiger kleiner Weihnachtsengel.“

Rosinchen, die weiße Zwergpudeldame, sprang bellend um die Engelschar herum. Auch sie erkannte

Oskar sofort. Und sie hinterließ einige schwarze Fußabdrücke auf seinem weißen, gerade erst von Jessicas Mutter gebügelten Gewand.

Frau Heinicke zog ihre Geldbörse hervor und reichte Marina einen Zehneuroschein. „Hier, mein Kind, für das Tierheim. Ich finde eure Idee sehr unterstützenswert. Das habe ich zu den Kindern, die vorhin hier gesungen haben, auch schon gesagt. Jetzt braucht ihr aber niemanden mehr zu schicken. Zwei Spenden an einem Tag sind genug."

„Was? Hier haben schon welche gesungen?", fragte Oskar ungläubig. „Engel?"

Rosalinde Heinicke nickte. „Ja, drei Jungs. Leider nur einstimmig. Deshalb habe ich nur fünf Euro gegeben."

Die Kinder wechselten einen raschen Blick. Dann sagte Fabio: „Vielen Dank für das Geld. Die Hunde werden sich bestimmt freuen, wenn sie nicht mehr den ganzen Tag im Käfig eingesperrt sein müssen. Auf Wiedersehen."

Sie verließen das Grundstück.

„Kann es sein, dass Frau Heinicke ein bisschen zerstreut ist?", murmelte Marina. „Hier kann doch niemand gesungen haben. Frau Mertens hat jeder Gruppe die Straßen aufgeschrieben, in der sie sammeln soll. Und die Königstraße ist unsere." Sie zuckte mit den Schultern. „Na ja, die Heinicke ist ziemlich alt. Und alte Leute werden wunderlich. Meine Oma kriegt auch alles durcheinander. Neulich wusste sie schon nicht mehr …"

Unsanft wurde sie von Fabio unterbrochen. „Ist doch piepegal, was deine Oma vergessen hat." Er stampfte mehrfach mit den Füßen auf der Stelle. „Wir müssen weiter. Sonst friere ich hier fest."

Kalt war es wirklich, also zog die Engelschar zum nächsten Haus. Dort wohnte Brigitte, die beste Freundin von Oskars Mutter. Auch sie schien sich mehr für Oskars Aussehen als für die musikalische Darbietung zu interessieren.

„Stehen bleiben", verlangte sie und verschwand in der Wohnung. Sie kam allerdings nicht mit Geld, sondern mit ihrem Fotoapparat zurück. Und dann knipste sie Oskar, weil er angeblich herzallerliebst aussah. Herzallerliebst!!! Die Mädchen wollten sich totlachen.

„Eure Planung scheint ja etwas chaotisch zu laufen. Hier waren nämlich gerade schon drei Engel. Aber weil du es bist", sie zwinkerte Oskar zu, „gebe ich noch einmal Geld. Ist ja auch wirklich für einen guten Zweck."

„Ehrlich? Hier haben schon Kinder gesungen?" Offenbar litt Frau Heinicke doch nicht an Altersverwirrung.

Brigitte nickte. „Vor einer Viertelstunde. Drei blonde Jungen, der größte trug rote Turnschuhe. Das fand ich ja nicht so passend für einen Engel."

„Die kennen wir gar nicht", sagte Oskar erbost.

Die Kinder verabschiedeten sich rasch. Oskar hatte es nämlich plötzlich sehr eilig. Vor einer Viertelstunde, hatte Brigitte gesagt. Vielleicht waren die drei noch in der Nähe.

„Die können nicht weit sein. Wir rennen jetzt die Straße runter. Zwei auf der rechten und zwei auf der linken Seite. Wenn wir die Burschen erwischen, können sie was erleben. Singen einfach in unserer Straße!"

Im nächsten Moment flitzten vier Weihnachtsengel durch die Königstraße. Sie hielten ihre langen, weißen Gewänder hochgerafft, damit sie schneller laufen konnten. Einem Engel rutschte ständig die blonde Lockenperücke ins Gesicht.

Zwei ältere Frauen sahen den Kindern kopfschüttelnd hinterher. Eine sagte: „In der Zeitung stand, dass sie Weihnachtslieder singen. Und jetzt veranstalten die ein Wettrennen. Nee, dafür bezahl ich keinen Cent."

Die andere Frau nickte zustimmend. „Was hat das wohl mit Weihnachten zu tun?"

Irgendwann blieben die vier Kinder stehen, weil sie keine Puste mehr hatten. „Wir müssen zurück", keuchte Marina. „Singen. Sonst haben wir morgen am wenigsten Geld von allen."

Auf dem ganzen Rückweg wurde heftig debattiert. „Drei blonde Jungen, einer davon ist groß. Daniel ist groß und blond", fiel Oskar ein.

„Sie hat nicht gesagt, dass er besonders groß war. Nur, dass er der Größte von den dreien war." Jessica tippte Oskar gegen die Brust, was der nicht leiden konnte. Deshalb schlug er ihre Hand fort.

„Außerdem haben wir nur gemischte Gruppen gebildet. Daniel ist mit Oliver, Diana und Meike unterwegs. Das weiß ich ganz genau. Sie singen nämlich zufällig in unserer Straße. Ich hab sie vorhin gesehen, als ich losgefahren bin." Fabio schaute ratlos in die Runde. „Versteht ihr das?"

„Rote Turnschuhe", sagte Marina nachdenklich. „Wer aus unserer Klasse trägt rote Turnschuhe?"

„Hendrik", fiel Jessica sofort ein. „Der hat rote Schuhe von Adidas. Und blond ist er auch."

Nie im Leben hätte Oskar gewusst, welcher Junge rote Turnschuhe trug. Für die Kleidung seiner Mitschüler interessierte er sich kein bisschen. Aber ein Detektiv, und ein solcher war er nun einmal, musste über eine besonders gute Beobachtungsgabe verfügen. Und wenn nicht, musste er so tun als ob.

„Hendrik, genau. Das wollte ich auch gerade sagen. Der trägt doch immer diese roten Turnschuhe von Adidas. Na, dem werde ich morgen was erzählen. Einfach in unserer Straße singen. Der spinnt wohl."

## 9. Kapitel
## **Hendrik hat ein Alibi**

Hendrik Wedemeier schloss gerade sein Fahrrad ab, als sich vier seiner Mitschüler gleichzeitig auf ihn stürzten. Oskar Nusspickel, Fabio Andreotti, Marina Ahlers und Jessica Hamann zingelten ihn ein. Und Oskar schrie die ganze Zeit: „Was hast du in unserer Straße verloren? Wer waren die beiden Mittäter? Und damit du es weißt, das Geld steht uns zu!“

Ratlos schaute Hendrik von einem zum andern. „Hä?“ Mehr fiel ihm einfach nicht ein.

„Das Geld!“, schimpfte Marina. „Das Geld, das ihr bekommen habt, her damit!“

Jetzt verstand Hendrik noch weniger. „Das Geld, das die Leute uns gestern gespendet haben? Wieso steht euch das zu? Wir haben doch gesungen!“

„Ja, aber in der falschen Straße. In der Königstraße. Und da hat Frau Mertens uns eingeteilt! Marina, mich,

Oskar und Fabio." Jessica tippte die Genannten nacheinander an.

„Moment. Der Esel kommt zuletzt", fiel Oskar ein. „Es heißt: Oskar, Fabio, Marina und ich."

Hendrik verstand die Welt nicht mehr. „Ich habe doch gar nicht in der Königstraße gesungen. Fragt Nicole, Sabine und Sebastian. Wir vier waren in der Lindenallee unterwegs. Und anschließend im Birkenweg. 34-mal haben wir ‚Leise rieselt der Schnee' gesungen. Zweistimmig. Und ich wüsste nicht, weshalb wir euch das Geld geben sollten. Oder seid ihr neuerdings unter die Schutzgelderpresser gegangen?"

Eine Weile blieb es ganz still. So still, dass man Schneeflocken hätte fallen hören können. Aber es schneite ja gar nicht. Zögernd sagte Oskar: „Du warst nicht in der Königstraße? Zusammen mit zwei blonden Jungen?"

„Wer das behauptet, ist ein Lügner." Hendrik ballte seine Hände zu Fäusten. „Sag mir, wer das erzählt hat. Der kann was erleben."

„Na ja, man hat drei blonde Jungen gesehen. Und einer trug rote Turnschuhe. Da haben wir natürlich an dich gedacht." Oskar warf einen Blick auf Hendriks auffälliges Schuhwerk.

„Die hatte ich gestern gar nicht an. Meine Mutter meint, dass Engel und rote Turnschuhe nicht zueinander passen."

„Genau das hat Brigitte auch gesagt", murmelte Oskar. Er holte tief Luft. „Okay, wir werden deine Aussage überprüfen. Wenn die drei anderen dein Alibi bestätigen, brauchst du dir wahrscheinlich keine Sorgen zu machen."

Hendrik riss erstaunt die Augen auf. „Wie bitte? Sagtest du gerade, dass du mein Alibi überprüfen willst? Spinnst du vielleicht? Bist du neuerdings bei der Polizei?"

„Nicht ganz", erwiderte Oskar würdevoll. „Aber hier geht es um ein ungeklärtes Verbrechen. Jemand hat in unserer Straße gesungen und Geld eingesammelt. Und ich …" Ein kräftiger Schubs von Marina ließ ihn gegen Fabio taumeln. „Ähem, ich meinte: Wir vier werden diesen Jemand finden. Und dann hat der das Geld wieder rauszurücken." Er drehte sich zu seinen Mitdetektiven um. „Fabio, du fragst Sebastian, Jessica fragt Nicole und Marina geht zu Sabine."

„Und du?"

„Ich leite die Ermittlungen", erklärte Oskar. „Bei mir laufen alle Informationen zusammen. Also los. Worauf wartet ihr noch?"

Es stellte sich heraus, dass Hendrik die Wahrheit gesagt hatte. Zur fraglichen Zeit hatte er „Leise rieselt der Schnee" gesungen, in der Lindenallee und anschließend im Birkenweg – ohne rote Turnschuhe, dafür in Begleitung von Sabine, Nicole und Sebastian.

Inzwischen klingelte es zur ersten Stunde. Frau Mertens hörte sich Oskars Bericht an. Sie wandte sich an die Klasse. „Hat jemand sich in der Straße geirrt? Vielleicht aus Versehen?“

Aber niemand wollte in der Königstraße gesungen haben. Merkwürdig.

„Vielleicht ist eine andere Schule auf die gleiche Idee gekommen“, überlegte Frau Mertens. „Ich werde in der großen Pause beim Ordnungsamt anrufen und mich erkundigen, ob eine zweite Sammelaktion für das Tierheim angemeldet wurde.“

## 10. Kapitel
## Ein Weihnachtsmuffel der schlimmsten Sorte

„Diese gemeinen Betrüger!“, empörte sich Oskar beim Abendessen. „Aber die krieg ich, das werdet ihr sehen. Und dann müssen sie das ganze Geld wieder rausrücken.“

Hinter seinem Rücken briet Dietmar Brathfisch Pfannkuchen. „Du musst zuerst fragen, ob es nicht jemand aus deiner Klasse war.“

Aber so schlau war Oskar schon lange. „Hab ich längst überprüft, Fehlalarm. Und die Stadt weiß auch nichts von einer zweiten Sammelaktion. Frau Mertens hat heute nämlich beim Ordnungsamt angerufen.“

„Dann hat jemand den Zeitungsbericht gelesen und beschlossen, auf den fahrenden Zug aufzuspringen. Trittbrettfahrer nennen wir bei der Polizei solche Leute. Schatz, möchtest du noch einen Pfannkuchen?“

Schatz, also Oskars Mutter, nickte. „Gern.“

„Ich will noch zwei!", rief Oskar. Eins musste man zugeben: Dietmar Brathfisch konnte hervorragende Pfannkuchen zubereiten. Zuerst kamen Apfelstücke in die Pfanne, dann wurde eine Kelle Teig darübergegossen und am Ende wendete Dietmar die Pfannkuchen in der Luft. Noch nie war einer auf dem Fußboden gelandet, was Oskar immer wieder beeindruckte. Vielleicht würde er den Freund seiner Mutter mal in dem neuen Haus besuchen – zum Pfannkuchenessen.

„Wir müssen die Zeitung informieren. Die müssen schreiben, dass niemand den drei falschen Engeln Geld geben darf … Oder?" Oskar schaute Dietmar Brathfisch an.

Der schüttelte den Kopf. „Das würde ich an eurer Stelle lieber lassen, weil ihr die Leute damit nur verunsichert. Sie werden misstrauisch, wenn Kinder als Engel verkleidet an der Tür klingeln, und spenden gar nichts mehr. Ich denke, ihr macht einfach so weiter wie bisher. Ist doch schon eine schöne Summe zusammengekommen, oder?"

Das stimmte. Die Klasse 4a hatte am ersten Tag über 200 Euro ersungen.

„Dann muss die Polizei eben die Straßen überwachen", verlangte Oskar. „Ihr müsst auf drei blonde Jungen achten, hörst du? Und der größte trägt rote Turnschuhe."

Das entlockte Dietmar nur ein müdes Lächeln. „Hast du eine Ahnung, was bei uns gerade los ist? Wie in jedem Jahr nehmen die Ladendiebstähle in der Vorweihnachtszeit überhand. Wir laufen ständig Streife in der Fußgängerzone, damit die Diebe wenigstens ein bisschen abgeschreckt werden. Ich hab schon so viele Überstunden angesammelt, dass ich für den Rest des Jahres zu Hause bleiben könnte. Und meinen Kollegen geht es nicht anders." Er seufzte. „Meinetwegen könnte man Weihnachten und alles, was dazugehört, abschaffen. Das Ganze ist doch nur noch ein Riesengeschäft, von festlicher Stimmung keine Spur."

Oh, bei der Gelegenheit fiel Oskar etwas ein. Er rannte in sein Zimmer, riss den Wunschzettel in dreifacher Ausführung aus seiner Schreibtischschublade und kehrte in die Küche zurück.

„Hier." Er legte sowohl seiner Mutter als auch Dietmar Brathfisch ein Exemplar auf den Tisch. Beide sahen sehr erstaunt aus. Dann sagte Katharina Nusspickel zögernd: „Der zweite Wunschzettel ist ja wohl für Lothar gedacht."

„Nöö." Oskar schüttelte den Kopf. „Für den hab ich auch einen geschrieben. Du musst mir noch eine Briefmarke und einen Umschlag geben. Der hier ist für Dietmar. Weil er jetzt doch dein Freund ist."

Irgendwie hatte er da wohl etwas Falsches gesagt oder etwas Peinliches. Jedenfalls errötete seine Mutter bis an die Haarwurzeln. Sie starrte angestrengt auf den Tisch, als gäbe es dort ein Geheimnis zu ergründen.

Dann sagte sie leise: „Aber Oskar, nur weil Dietmar und ich befreundet sind, muss er dir doch nichts zu Weihnachten schenken. Also wirklich … das ist mir jetzt unangenehm. Warum hast du mich nicht vorher gefragt?“

„Lass nur, Schatz.“ Dietmar tätschelte ihre Hand. „Das regele ich allein.“

Dann wandte er sich an Oskar. „Ich hoffe, du bist jetzt nicht allzu enttäuscht. Aber wenn ich ehrlich bin, stehe ich mit unseren Weihnachtsbräuchen auf Kriegsfuß. Anders gesagt – ich halte nichts von dieser maßlosen Schenkerei. Ich möchte weder Geschenke bekommen, noch möchte ich in meiner überaus knappen Freizeit durch die überfüllten Geschäfte hetzen und anderen Leuten Geschenke kaufen."

Oskar traute seinen Ohren kaum. Dass dieser Dietmar keine Geschenke wollte, war ja okay. Aber dass er offensichtlich zu geizig war, um anderen Leuten eine Freude zu bereiten, war einfach unglaublich. Oskar kannte niemanden, der zu Weihnachten nichts verschenkte. Niemanden. Und jetzt behauptete seine Mutter auch noch, dass sie Dietmar sehr gut verstehen könne. Am Ende führte der Freund seiner Mutter hier neue Sitten ein und die Bescherung fiel in diesem Jahr ganz aus. Meine Güte, was war nur mit seiner Mutter los?

„Findest du Schenken neuerdings auch blöd?", fragte er düster. „Weihnachtsbäume auch? Und Weihnachtslieder? Sollen wir den ganzen Adventsschmuck wieder in Kisten packen und auf den Dachboden bringen?"

Katharina Nusspickel lachte. „Keine Sorge. Für uns beide ist Weihnachten wie immer. Okay?" Und dann steckte sie den Wunschzettel in ihre Hosentasche.

## 11. Kapitel
## **Ein neuer Verdächtiger**

Am nächsten Morgen herrschte in der Schule helle Aufregung. Die drei falschen Weihnachtsengel hatten am Vortag in der Bergallee gesungen.

„Uns haben die Leute kaum Geld gegeben“, jammerte Anna. „Wir haben gesungen und gesungen und hinterher haben sie gesagt: Schön, aber hier waren schon Weihnachtsengel. Deshalb bekommt ihr nur zwei Euro.“

Ihre Freundin Luisa nickte. „Das ist richtig gemein. Am liebsten würde ich mit der ganzen Geschichte aufhören. So macht das doch keinen Spaß.“

Frau Mertens versuchte die Kinder zu beschwichtigen. „Ich kann euren Ärger sehr gut verstehen. Aber es geht um die Hunde. Die brauchen wirklich jeden Euro. Ich kann euch nur bitten weiterzumachen. Wir haben schon 380 Euro beisammen. Das ist viel mehr, als ich erwartet habe. Nicht aufgeben, Kinder. Und jetzt holt die Mathebücher raus."

In der Pause sprach Oskar Anna und Luisa an. „Haben die Leute gesagt, dass es drei Engel waren?"

Luisa nickte. „Drei blonde Jungen und einer trug rote Turnschuhe. Wenn ich die treffe, drehe ich ihnen die Gurgel um."

„Hoffentlich treffe ich sie zuerst", lachte Oskar. „Damit ich ihnen vorher noch das Geld abnehmen kann."

Wenig später ordnete er an: „Rote Turnschuhe. Die gibt es doch nicht so häufig. Wir müssen nach roten Turnschuhen Ausschau halten."

Seine drei Mitdetektive nickten. Mit gesenktem Blick schlenderten sie über den Schulhof. Aber nur zwei Personen trugen rote Turnschuhe: Hendrik und Frau Läufer, die neue Sportlehrerin.

„Frau Läufer ist zu alt. Und ihre Haare sind nicht blond, sondern knallrot. Außerdem verdienen Lehrer ja wohl genug Geld. Nee, die Läufer kommt nicht infrage."

Ärgerlich kickte Oskar einen Kieselstein zur Seite. „Und Hendrik hat ja angeblich mit den drei anderen gesungen."

„Nicht angeblich. Er hat mit Nicole, Sabine und Sebastian gesungen. Wenn er keinen Doppelgänger hat, ist er unschuldig." Marina seufzte.

„Hey, der hat doch …“ Der Rest ging in einem heftigen Hustenanfall unter. Marina musste ihrer besten Freundin mehrfach heftig auf den Rücken klopfen, bis diese weitersprechen konnte. „Verschluckt“, würgte Jessica hervor. Dann begann sie den Satz noch einmal: „Hendrik hat zwar keinen Doppelgänger, aber einen großen Bruder: Lutz. Den kennt ihr doch auch. Ich glaub, der geht in die sechste Klasse. Vielleicht trägt der auch rote Turnschuhe. Und dass wir Geld sammeln, weiß er natürlich von Hendrik.“

Mensch, diese Jessica war gar nicht so dumm, wie Oskar neidvoll anerkennen musste. Auf den Bruder hätte er auch selbst kommen können. „Wir müssen das Haus beschatten“, beschloss er. „Besser gesagt: Lutz Wedemeier.“

„Geht nicht. Wir müssen doch singen.“ Typisch Marina. Die gab bei der geringsten Schwierigkeit auf.

Ein Superdetektiv wie Oskar allerdings wusste immer einen Ausweg. „Ist doch ganz einfach: Wir singen zu dritt. Das darf natürlich niemand wissen. Schon gar nicht Frau Mertens. Und der Vierte bespitzelt das Haus.“

Angriffslustig stemmte Jessica ihre Arme in die Seiten. „Und das bist natürlich wieder du. Wir können singen, bis uns die Zunge aus dem Hals hängt, und du machst dir einen gemütlichen Nachmittag.“

„Gemütlich? Von wegen. Ich übernehme die gefährlichste Aufgabe. Was, wenn der Bruder mich bemerkt? Wenn er mich bedroht oder Schlimmeres?“ Wenn Oskar so recht darüber nachdachte, war singen doch nicht das Schlechteste. Hendriks Bruder Lutz war Mitglied im Judoverein, also so etwas wie ein ausgebildeter Kämpfer. Außerdem war er ja nicht allein unterwegs. Zwei andere, bislang unbekannte blonde Jungen halfen ihm bei seinem Betrug. „Du kannst natürlich gern mit mir tauschen“, schlug er deshalb vor.

Vermutlich wusste Jessica ebenfalls, dass Lutz Wedemeier Judo beherrschte. Jedenfalls wollte sie jetzt doch lieber singen. „Wozu hat Marinas Oma sonst das schöne Kostüm genäht? Deins ist ja sowieso nicht so gut gelungen: ein langer und ein kurzer Ärmel – und dann die alberne Perücke. Im Übrigen triffst du nie die richtigen Töne. Nee, dein Vorschlag ist schon in Ordnung. Du beschattest diesen Lutz und wir singen."

„Und tun ein gutes Werk. Schließlich steht Weihnachten vor der Tür – und Weihnachten ist das Fest der Barmherzigkeit." Marina klimperte mit den Augen.

„Drei gemeine Diebe zu überführen ist auch sehr barmherzig", fand Oskar.

## 12. Kapitel
## Eine perfekte Tarnung

Oskar schmierte seine Hausaufgaben hin. In den Zeiten, in denen er als Detektiv tätig war, interessierte ihn die Schule nicht sonderlich. Und ob man „Brennnessel“ mit zwei, drei oder vier „n“ schrieb, war ihm sowieso egal.

Nachdenklich schaute er in seinen Kleiderschrank. Irgendwo musste noch die uralte blaue Sommerjacke sein. Die mit dem albernen Teddybär auf dem Rücken. Da – sie hing ganz am Rand. Normalerweise wäre es Oskar Nusspickel im Leben nicht eingefallen, mit dieser kindischen Jacke auf die Straße zu gehen. Aber heute musste er verdeckt ermitteln. Und sein neuer Anorak leuchtete so knallrot, dass man ihn selbst aus größerer Entfernung darin erkennen konnte. Den konnte er unmöglich anziehen.

Probehalber setzte Oskar die blonde Perücke auf. Ein Blick in den Spiegel ließ ihn aber auf die wilde

Lockenpracht verzichten. Zu auffällig. Stattdessen änderte er seine Frisur. Er zog einen Mittelscheitel und klebte die Haare rechts und links davon mit dem Haarspray seiner Mutter ganz eng an den Kopf. Zum Schluss setzte er noch seine verspiegelte Sonnenbrille auf. Damit war die Tarnung perfekt. Kein Mensch würde ihn so erkennen.

Die Bärenjacke erwies sich als so eng, dass Oskar den Reißverschluss nicht schließen konnte. Beim Fahrradfahren musste er ganz gerade sitzen. Sobald er seinen Rücken stark krümmte, knackten nämlich die Schulternähte. Außerdem war sie aus ganz dünnem Stoff genäht. Eine Sommerjacke eben, in der man im Winter erbärmlich fror. Aber so etwas musste ein Detektiv in Kauf nehmen.

Die Familie Wedemeier lebte in einem der Wohnblöcke am Stadtring. Nummer 17, Oskar hatte extra im Telefonbuch nachgeschaut. Jetzt wusste er auch, dass Hendriks Vater von Beruf Diplomingenieur war. Der musste eigentlich genug Geld verdienen. Eine Schande, dass sein ältester Sohn als Engel verkleidet Geld stahl.

Sein Fahrrad stellte Oskar beim Block mit der Hausnummer 11 ab. Falls Hendrik aus dem Fenster schaute. Als Detektiv konnte man nicht vorsichtig genug sein. Den restlichen Weg ging er zu Fuß. Mensch, war das kalt. Ein eisiger Nordwind ließ seine Zähne laut aufeinanderklappern. So sehr er sich auch bemühte, er konnte nichts dagegen tun. Deshalb entschied er, auf gar keinen Fall vor dem Haus zu warten. Niemand konnte verlangen, dass er in Ausübung seiner verantwortungsvollen Tätigkeit erfror. Außerdem gab es hier keine Möglichkeit, sich zu verstecken. Einer, der stundenlang vor einem Hauseingang herumlungerte und mit den Zähnen klapperte, fiel mit Sicherheit auf.

Leider stellte sich heraus, dass die Haustür verschlossen war. Man brauchte einen Schlüssel oder man musste irgendwo klingeln. Logisch, dass für Oskar nur Letzteres infrage kam. Er studierte die Namensschilder. Vera Hermann, das klang doch gut. Seine Oma hieß ebenfalls Vera. Vera Nusspickel natürlich. Oskar drückte auf den weißen Plastikknopf. Nichts geschah. Vera Hermann erledigte wohl gerade ihre Weihnachtseinkäufe. Bei Wedemeiers konnte Oskar selbstverständlich nicht schellen, also entschied er sich dafür, einen gewissen Horst Weiser zu stören. Der drückte auch gleich auf den Summer.

„Marlene?“, schallte es das Treppenhaus herunter. „Hast du schon wieder deinen Schlüssel vergessen?“

Oskar hielt die Luft an. Auf Zehenspitzen schlich er eine halbe Treppe hinunter. Hinter der weißen Stahltür lagen vermutlich die Kellerräume, die zu den Wohnungen gehörten. Jedenfalls war es bei ihm zu Hause so. Er duckte sich in die Nische unter der Treppe.

Horst Weiser rief immer noch nach seiner Marlene. Irgendwann klappte oben die Wohnungstür zu. Oskar konnte nur hoffen, dass dieser Herr Weiser nicht herunterkam, um persönlich nach Marlene zu suchen. Er hatte Glück, alles blieb still.

Vor lauter Aufregung war Oskar ganz warm geworden. Jetzt, in geduckter Haltung unter der Treppe, begann er wieder zu frieren. Sehnsüchtig dachte er an seine neue, warm wattierte Winterjacke, die daheim an der Garderobe hing. Beim nächsten Mal würde er auf angemessene Kleidung achten.

Hoffentlich kam dieser Lutz bald.

Es klingelte. Der Türsummer erklang, die Tür sprang auf, dann vernahm Oskar eine sehr vertraute Stimme.

Sabine Meier, ein Mädchen aus seiner Klasse. Sie trug, wie er durch die Lücken unter den Treppenstufen erkennen konnte, ihr Engelskostüm. Aha: Sabine holte Hendrik zum Singen ab. Eine Tür klappte. Man hörte leises Gelächter und Kinderstimmen. Und dann tapsten zwei Paar Schuhe die Treppe herunter.

„Ich hab überhaupt keine Lust mehr zu dem Quatsch“, beschwerte sich Hendrik. „Ich kann Hunde sowieso nicht leiden. Und überhaupt: Bei der Kälte können die doch froh sein, wenn sie in ihren warmen Käfigen hocken dürfen. Ich würde liebend gern zu Hause bleiben.“

„Hat Oskar dich auch schon verhört? Wegen dieser falschen Engel?“, hörte man jetzt Sabine. „Das ist vielleicht ein Angeber! Tut so, als wäre er ein Detektiv!“

Beide Kinder lachten hämisch. Oskar wurde es ganz warm vor Wut. Als Angeber hatte Sabine ihn bezeichnet. Na, die würde sich noch wundern.

## 13. Kapitel
## **Oskar friert und Lutz vergisst das Vogelfutter**

Zum tausendsten Mal starrte Oskar auf seine Armbanduhr. Die Zeiger hatten sich praktisch nicht von der Stelle bewegt. Entweder sie waren festgefroren oder aber die Zeit stand still. Aus dem Steinfußboden kroch eine fürchterliche Kälte direkt in seine Schuhe – und von dort die Beine hoch in seinen gesamten Körper. Selbst die Nase war kalt. Es fühlte sich an, als ob Oskar sich Stück für Stück in eine Eisstatue verwandelte. Einmal kam es ihm vor, als könnte er seine Zehen nicht mehr bewegen. Da sprang er auf und hopste auf der Stelle auf und ab. Richtig warm wurde ihm aber nicht davon.

Oskar hockte sich wieder auf den kalten Boden. Wenn jetzt nichts Aufregendes passierte, würde er heimgehen in die warme, beheizte Wohnung. Und dann würde er einen ganzen Liter heißen Kakao trinken. Eine weitere Minute verstrich quälend langsam. Okay, das reichte. Den anderen brauchte er ja nichts davon zu erzählen, dass er seinen Posten vorzeitig aufgegeben hatte. In diesem Moment klappte oben wieder eine Tür auf.

„Lutz", rief eine Frauenstimme. „Vergiss nicht das Vogelfutter!"

Die Beine von Lutz Wedemeier wurden sichtbar. Dieser Glückspilz trug wunderbare gefütterte Winterstiefel. Mensch, musste der mollig warme Füße haben. In der Hand hielt er eine große Einkaufstasche.

Lutz Wedemeier ging also für seine Mutter einkaufen: in schwarzen Stiefeln, ohne Engelsgewand. Aber vielleicht war das alles ja auch nur Tarnung und das Kostüm befand sich in der Tasche. Oskar beschloss die Verfolgung aufzunehmen.

Genau eine Minute, nachdem Hendriks Bruder das Haus verlassen hatte, öffnete sich ein zweites Mal langsam die Tür und ein Junge in einer viel zu engen Sommerjacke schlüpfte auf den Bürgersteig. Obwohl von Sonne weit und breit keine Spur zu entdecken war, trug er eine verspiegelte Sonnenbrille.

Lutz Wedemeier bewegte sich zielstrebig auf den Supermarkt zu. Oskar folgte ihm. Als Lutz die Tür öffnete, atmete Oskar erleichtert auf. Das Geschäft war bestimmt beheizt. Hoffentlich kaufte Lutz stundenlang ein, damit er sich ordentlich aufwärmen konnte.

Eine ganze Weile hielt Lutz sich am Regal mit den Backzutaten auf. Er legte Mandeln, Haselnüsse, Schokoladenglasur und Zuckerstreusel in den Einkaufswagen. Bei Wedemeiers sollten wohl leckere Weihnachtsplätzchen gebacken werden. Nur mühsam konnte Oskar ein sehnsüchtiges Seufzen unterdrücken.

Als Nächstes kaufte Lutz ein Netz Orangen. Dann stellte er sich am Käsestand an: ein halbes Pfund jungen Gouda am Stück und eine Ecke Camembert. Langsam bekam Oskar Hunger.

Jetzt ging es zur Kasse, schade. Oskars Füße fühlten sich gerade halbwegs warm an. Außerdem hatte Lutz das Vogelfutter vergessen. Aber hätte Oskar vielleicht sagen sollen: Hey, du Trottel, ich beschatte dich gerade. Du solltest doch Vogelfutter mitbringen! Nee, die armen Vögel mussten leider auf ihre Körner verzichten.

Lutz bezahlte an der Kasse 12,44 Euro und machte sich auf den Heimweg. Er schloss die Eingangstür auf und warf sie mit dem Fuß wieder zu. Mist. Wie sollte Oskar ins Haus kommen? Es war erst Viertel nach vier und bis fünf musste er mindestens noch ausharren. Gerade als er sein Glück noch einmal bei Vera Hermann versuchen wollte, öffnete sich die Tür von innen. Lutz Wedemeier kam wieder zurück.

„Ich hab dich extra an das Vogelfutter erinnert", schallte es die Treppe herunter.

Lutz wurde also ein weiteres Mal in den Laden geschickt. Bei Oskars Anblick stutzte er einen Moment. Dann sagte er überrascht: „Oskar? Willst du zu Hendrik? Der singt doch wieder für das Tierheim."

Langsam nahm Oskar seine Sonnenbrille ab. Wieso bibberte er stundenlang in einer viel zu engen Sommerjacke vor sich hin, wenn Lutz ihn auf Anhieb erkannte? So wie es aussah, war heute einfach nicht sein Tag.

## 14. Kapitel
## **Halsschmerzen und Pfefferminztee**

Abends spürte Oskar ein seltsames Kratzen im Hals. Das Sprechen bereitete ihm Schmerzen und das Schlucken auch.

Seine Mutter sah ihn besorgt an. „Hast du Fieber? Du hast so glasige Augen." Sie holte das Thermometer aus dem Bad. „Hier, steck es unter die Zunge."

Es stellte sich heraus, dass Oskar tatsächlich Fieber hatte. „39 Grad. Du gehst sofort ins Bett. Ich bringe dir einen heißen Pfefferminztee und eine warme Wolldecke."

„Bei Fieber muss er was Kaltes trinken, Schatz", warf Dietmar Brathfisch ein, der am Küchentisch ein Kreuzworträtsel löste. „Und er sollte sich am besten gar nicht zudecken. Die Wärme muss aus dem Körper raus."

Aber wenn es um ihren Sohn ging, ließ Katharina Nusspickel sich von niemandem gute Ratschläge geben. Nicht einmal von ihrem Schatz. „Soll mein armes krankes Kind etwa frieren? Glaub mir, wenn Oskar Fieber hat, braucht er heißen Pfefferminztee."

„Und Schokoladenpudding", hauchte Oskar, „mit Vanillesoße."

„Genau: und Schokoladenpudding mit Vanillesoße. Und was möchtest du noch?" Katharina Nusspickel schaute ihren Sohn liebevoll an.

„Hustenbonbons. Und echte Weihnachtsplätzchen mit Zucker, Zimt und Streuseln. Und mit Schokoladenglasur. So wie die, die du sonst immer gebacken hast."

Dietmar Brathfisch wurde zum Bahnhofskiosk geschickt, um eine Packung Hustenbonbons zu kaufen. Seine Rückkehr verschlief Oskar allerdings. Irgendwann hörte er im Halbschlaf seine Mutter telefonieren. „Hast du gemahlene Mandeln im Haus? Ich muss heute noch Kekse backen."

Als er das nächste Mal erwachte, roch es in der Wohnung so, wie es in der Adventszeit riechen musste: nach Zimt und Schokolade. Mit einem seligen Lächeln schlief Oskar wieder ein.

Zur Schule konnte Oskar am nächsten Tag nicht. Das Fieberthermometer zeigte 38 Grad an. Außerdem schmerzte sein Hals wie verrückt.

„Leider muss ich ins Büro. Aber Dietmar wird heute Vormittag auf dich aufpassen. Sein Dienst beginnt um

14 Uhr und um 15 Uhr komme ich. So bist du nur eine Stunde allein." Katharina Nusspickel stellte einen Becher mit Pfefferminztee auf Oskars Nachttisch. Und dazu einen Teller mit selbst gebackenen Weihnachtsplätzchen – vier verschiedene Sorten! Sie musste bis spät in die Nacht in der Küche gestanden haben.

„Danke", krächzte Oskar. „Meine Lieblingsplätzchen. Das ist echt super." Er stopfte die ausgestochenen Engel in den Mund. Leider tat das Schlucken schrecklich weh. Und schmecken konnte er auch nicht richtig. So ein Pech.

Später bot Dietmar an, ein paar Mickymaushefte zu kaufen. Gegen Mittag sank das Fieber. Oskar saß im Bett, knabberte ganz vorsichtig die Plätzchen und amüsierte sich über Donald Duck und seine drei Neffen.

Das Telefon klingelte und Dietmar brachte den Apparat ins Zimmer. „Hier, für dich. Fabio."

Fabio Andreotti sprudelte gleich los. „Wieso bist du jetzt krank? Spinnst du vielleicht? Was war mit Lutz? Hast du ihn gesehen? Gestern haben die falschen Engel in der Bismarckstraße gesungen. Hey, sag doch mal was …"

„Mein Hals tut so weh", flüsterte Oskar. „Fieber hab ich auch. Und den Lutz müssen wir von der Liste der Verdächtigen streichen. Der war gestern einkaufen. Zweimal, weil der Trottel beim ersten Mal das Vogelfutter vergessen hat. Ich musste stundenlang im eiskalten Hausflur hocken. Da hab ich mich wohl erkältet." Er nieste dreimal zur Bekräftigung seiner Worte.

„Bist du wahnsinnig?", schimpfte Fabio. „Ohne Vorwarnung ins Telefon zu niesen? Mir fliegt ja fast das Ohr ab."

„Tut mir leid. Bin eben krank. Ich rufe gegen Abend noch mal an. Vielleicht geht es mir dann besser."

„Dann müssen wir ja schon wieder zu dritt singen. Übrigens haben die im Wetterbericht Schnee angesagt. Ich an deiner Stelle würde ganz schnell gesund werden. Tschüss dann." Fabio legte auf.

Schnee – so eine Gemeinheit. Seit Wochen wartete Oskar auf Schnee. Wehe, es schneite, bevor er wieder gesund war.

## 15. Kapitel
# Ein heimlicher Ausflug durch den Schnee

Dem Wetter war es egal, ob Oskar Nusspickel zur Schule durfte oder nicht. Es schneite die ganze Nacht. Am Morgen hatte die Stadt sich in eine glitzernde Märchenwelt verwandelt. Sämtliche Häuser und Bäume trugen weiße Mützen aus Schnee. Alles sah anders aus, geheimnisvoller, schöner und irgendwie fremd. Und immer noch fielen lautlos dicke Schneeflocken auf den Boden.

Oskars Fieber war verschwunden. Zur Schule durfte er trotzdem noch nicht. Schon gar nicht bei dem Wetter, wie seine Mutter betonte. Und so musste Oskar im Bett hocken und sich langweilen. Die anderen machten bestimmt schon vor der ersten Stunde eine Schneeballschlacht. Im letzten Jahr hatte Oskar zu den besten Schützen gehört. Und jetzt durfte er nicht dabei sein. Wie ungerecht das Leben sein konnte.

Aus lauter Langeweile bastelte er eine meterlange Kette aus Goldpapierringen. Danach faltete er ein paar Sterne. Er war ganz allein in der Wohnung.

„Du kannst mich jederzeit anrufen“, hatte Katharina Nusspickel gesagt, bevor sie losgefahren war – früher als sonst, weil sie ihre Autoscheiben von Schnee und Eis befreien musste.

Oskar beschloss, sich der Lösung seines Falles zu widmen. Er holte einen Zettel und einen Stift. Wenn alles, was bisher bekannt war, schwarz auf weiß vor ihm stand, fiel ihm vielleicht ein, wie er die Engel überführen könnte. Bei der Polizei wurde auch alles aufgeschrieben und in einer dicken Akte gesammelt. Und wenn der Kommissar nicht weiterwusste, studierte er die Akte. Das wusste er von Dietmar.

Drei falsche Weihnachtsengel, schrieb Oskar auf. Drei Jungen, alle blond. Der älteste trägt rote Turnschuhe.

Hm, viel war das nicht gerade. Zwei Verdächtige hatte es bisher gegeben: Hendrik Wedemeier und Lutz Wedemeier. Unglücklicherweise schieden beide als Täter aus. Auf dem ganzen Schulhof hatten sie noch keinen anderen Jungen mit roten Turnschuhen entdeckt.

Plötzlich kam Oskar eine Idee. Mensch, warum war ihm das nicht eher eingefallen? Die drei Engel mussten eine andere Schule besuchen. Und da es im Ort nur zwei Grundschulen gab, kam nur die Schule am Hirtenweg infrage. Normalerweise war es den Detektiven unmöglich, dort während der großen Pause über den Schulhof zu schlendern und unauffällig nach roten Turnschuhen Ausschau zu halten. Schließlich durften sie ihren eigenen Schulhof nicht verlassen. Wenn man allerdings krank war …

Es dauerte genau fünf Minuten, bis Oskar sich angezogen hatte. Diesmal entschied er sich für seinen roten Winteranorak. Warm eingemummelt stapfte er durch den hohen Schnee. Die Luft war zwar kalt, aber sie fühlte sich wunderbar an. Sogar der Hals hörte auf ihn zu piesacken. Einmal blieb Oskar stehen, rollte einen Schneeball und zielte damit auf ein Verkehrsschild. Er traf genau die Mitte. Super, das Zielen hatte er nicht verlernt. Die anderen konnten sich auf etwas gefasst machen, wenn er erst wieder zur Schule durfte.

Als Oskar die Schule am Hirtenweg erreichte, war es kurz nach neun. Die große Pause begann erst um halb zehn. Er beschloss, sich einfach auf eine Bank in die Pausenhalle zu setzen, direkt neben das Aquarium mit den bunten Fischen. Die schwammen fröhlich hin und her und vertrieben ihm die Zeit.

Einmal klopfte Oskar gegen die Scheibe. „Hey, wisst ihr was? Bald ist Weihnachten!“ Aber die Fische schienen sich nicht für solche Feste zu interessieren. Kein Wunder, sie bekamen bestimmt nichts geschenkt. Und

von einem Unterwasser-Tannenbaum hatte Oskar auch noch nie gehört.

Um fünf vor halb zehn erklang der Pausengong. Binnen weniger Minuten öffneten sich alle Klassentüren und ein Strom lärmender Kinder stürmte in den Flur. Oskar schloss sich einfach an. Ein fremdes Kind unter hundert anderen fiel niemandem auf.

Dann sah er rote Turnschuhe, die über den Fußboden hüpften. Sein Herz hüpfte ebenfalls: vor Aufregung. Es war eine gute Idee gewesen, die Grundschule am Hirtenweg aufzusuchen. Der Fall war so gut wie gelöst. Und das ganz ohne Mithilfe der anderen. Die roten Turnschuhe stoppten an einem Papierkorb. Oskar blieb Zeit genug, einen kleinen Bogen zu schlagen, um den Übeltäter von vorn anzuschauen. Groß war seine Enttäuschung, als er ein Mädchen erkannte. Ihre Haare waren schulterlang und gelockt – und vor allem schwarz, kohlrabenschwarz. Das war bestimmt nicht der gesuchte Weihnachtsengel.

Enttäuscht wandte Oskar sich ab. Überall stapften Kinder in warmen, gefütterten Stiefeln über den Schnee. Mist, daran hatte er noch gar nicht gedacht: dass Mütter bei so einem Wetter darauf bestanden, dass man warme Winterstiefel anzog. Womöglich stand der Übeltäter direkt neben ihm. Und Oskar konnte ihn nicht erkennen, weil die gesuchten roten Turnschuhe im Schuhschrank des falschen Engels standen und auf besseres Wetter warteten.

Als die Pause zu Ende war und alle Kinder in den warmen Klassenräumen verschwanden, machte Oskar sich auf den Heimweg. Plötzlich war ihm bitterkalt. Vielleicht war er doch noch nicht ganz gesund.

## 16. Kapitel
## **Sind Mütter allwissend?**

Daheim stellte er zuallererst seine Stiefel vor die Heizung. Bis seine Mutter heimkam, mussten sie unbedingt wieder trocken sein. Das Telefon klingelte. Als Oskar abnahm, war Katharina Nusspickel dran.

„Gott sei Dank! Ich dachte schon, dir ist was passiert. Seit einer halben Stunde versuche ich vergeblich dich anzurufen. Warum hast du denn nicht abgenommen?"

„Ich habe wohl so fest geschlafen", erwiderte Oskar schlagfertig.

„Hast du wieder Fieber?"

Oskar legte die Hand auf seine Stirn. „Nee, glaub ich nicht."

„Aber warum hast du so fest geschlafen? Tu mir einen Gefallen und miss Fieber. Und dann rufst du mich noch einmal an, okay?"

„Mach ich", versprach Oskar.

Wie erwartet, zeigte das Thermometer nichts Aufregendes an – was seine Mutter beruhigte. Das mit dem tiefen Schlaf ließ ihr allerdings keine Ruhe. „Hast du etwa ferngesehen? Und den Ton so laut gestellt, dass du das Klingeln nicht gehört hast?“ Ihre Besorgnis war einem leichten Ärger gewichen. „Oder warst du draußen? Oskar? Warst du draußen im Schnee?“

Oh Mann! Mütter konnten durch Wände gucken, kilometerweit sogar. Oskar hätte es nicht gewundert, wenn seine Mutter ihn jetzt auch noch auf die Schule am Hirtenweg angesprochen hätte.

Lügen machte wohl keinen Sinn. Er schluckte. „Na ja, einen kleinen Moment. Mir war so heiß. Und wann schneit es schon mal bei uns?“

Komischerweise war Katharina Nusspickel nicht sauer. Sie meinte, dass er am nächsten Tag wieder in die Schule könne. Das wäre ihr sowieso am liebsten. Dann legte sie auf.

Gleich nach Schulschluss rief Oskar seinen besten Freund Fabio an. Der schwärmte von der Riesenschneeballschlacht, die in der großen Pause stattgefunden hatte. „Du tust mir echt leid – bei dem Wetter in der Bude hocken.“

„Von wegen. Ich war draußen.“ Und dann erzählte Oskar von seinem Ausflug zur Schule am Hirtenweg. „Morgen darf ich wieder in die Schule.“

„Wird auch Zeit. Oder denkst du, dass es lustig ist, mit Jessica und Marina Weihnachtslieder zu singen? Echt. Jetzt wo du nicht da bist, kriege ich den ganzen Ärger ab. Mal singe ich zu laut, dann zu leise. Mein Kleid ist ihnen zu dreckig. Handschuhe darf man auch nicht tragen … Hör mir auf!"

„Kann gut sein, dass ich morgen noch nicht mitdarf – wegen meines Halses. Ich meine, die Schule ist natürlich wichtig. Aber das Rumrennen als Weihnachtsengel … Vielleicht erlaubt meine Mutter das nicht."

„Wie bitte? Du willst dich nur drücken. Glaub nicht, dass ich mir das gefallen lasse. Dann singe ich auch nicht mehr mit!" Fabios Stimme schlug vor lauter Ärger über. Mann, war der sauer.

„Schon gut", lenkte Oskar ein. „Sollte ein kleiner Scherz sein."

„Sehr witzig. Ich lach mich gleich tot."

## 17. Kapitel
## Die falschen Engel waren schneller

An diesem Nachmittag mussten die Kinder in der Hortensienstraße singen. Insgeheim nahm Oskar sich vor, Ausschau nach einem leer stehenden Haus zu halten. Viel Zeit hatte er allerdings nicht. Um Punkt 16.30 Uhr musste er zu Hause sein.

„Heute müssen wir uns beeilen“, erklärte er seinen Mitengeln. „Ich muss noch mit meiner Mutter in die Stadt, Weihnachtseinkäufe erledigen.“

„Jetzt noch? Die besten Sachen sind längst weg. Ihr findet bestimmt nichts mehr.“ Jessica wusste mal wieder alles besser.

„Wir können unsere Geschenke kaufen, wann wir wollen. Außerdem glaub ich nicht, dass die Geschäfte schon leer sind. Dann könnten sie ja schließen.“

„Tun sie aber nicht. Weil sie noch den Mist loswerden wollen, den normalerweise keiner mehr haben will. Und so etwas verschenkt ihr zu Weihnachten." Jessica zog spöttisch ihre Mundwinkel herab.

Jetzt schaltete sich Marina ein. „Hört auf euch zu zanken. Wir fangen jetzt an. Mir ist nämlich ziemlich kalt."

Als eine alte Frau die Tür öffnete, sagte Marina als Erstes: „Haben hier schon Kinder gesungen? Drei blonde Jungs?"

Die Frau überlegte kurz. „Ja, in der letzten Woche waren welche hier. Wollt ihr auch Geld für das Tierheim sammeln?"

Anstatt zu antworten, stimmten die vier Kinder ihr Lied an. „Alle Jahre wieder …"

Die Frau gab ihnen einen Fünfeuroschein. „Ihr habt viel schöner gesungen als die anderen. Und eure Kostüme gefallen mir auch besser", sagte sie. „Im Nachbarhaus braucht ihr nicht zu klingeln. Das steht nämlich leer. Die Besitzerin wohnt jetzt im Altersheim. Das Haus hat sie ihrem Neffen überschrieben. Der ist bei der Kripo. Ich freue mich schon, wenn nebenan ein Polizist wohnt. Da fühlt man sich gleich sicherer. Man weiß ja nie, was so passieren kann."

Hinter Oskars Stirn überschlugen sich die Gedanken. Klar, dass dieser Polizist Dietmar Brathfisch hieß. Somit hatte der größte Detektiv der Stadt das gesuchte Haus bereits gefunden. Er beschloss, Dietmars künftigen Wohnsitz aus der Nähe anzuschauen.

„Wir klingeln einfach", schlug er vor. „Vielleicht wohnt der Neffe ja schon im Haus. Und die Frau hat gar nichts davon mitbekommen."

Jessica stocherte mit ihrer Schuhspitze im Schnee herum. „Ich weiß nicht. Leere Häuser sind mir unheimlich." Wie üblich schloss ihre beste Freundin sich ihrer Meinung an. Und Fabio behauptete jetzt, dass er von der Straße aus erkennen könne, dass das Haus unbewohnt sei.

Die drei konnten ja nicht ahnen, dass Oskar sowieso am liebsten allein gehen wollte. „Ich guck lieber nach. Wir brauchen schließlich jeden Euro", sagte er. Und dann stapfte er zur Haustür. Es machte Spaß, im unberührten Schnee Spuren zu hinterlassen.

Das weiße Haus mit dem roten Ziegeldach sah hübsch aus. Dietmar würde sich hier bestimmt wohlfühlen. Auf dem Klingelschild stand Luise Brathfisch. Oskar klingelte. Natürlich öffnete niemand. Dann stellte er sich auf die Zehenspitzen und schaute durch die Fenster. Drinnen standen keine Möbel, aber ein dunkelblauer Kachelofen im Wohnzimmer. Da konnte man es sich bei solchen Temperaturen gewiss gemütlich machen.

„Komm endlich. Da ist niemand!", schallte es vom Bürgersteig.

„Moment noch." Oskar konnte nicht anders. Er musste einmal um das Haus laufen. Einmal den Gar-

ten anschauen. Ganz hinten entdeckte er einen riesigen Baum. An einem der Äste war eine Schaukel befestigt. Damit konnte man mindestens hundert Meter hoch fliegen. Vielleicht konnte er Dietmar im Sommer mal besuchen und die Schaukel ausprobieren. Der hatte bestimmt nichts dagegen. Von der Haustür bis zum Bürgersteig lief Oskar rückwärts, sodass alle seine Fußspuren zum Haus führten. Falls Dietmar vorbeischaute, hatte er was zum Wundern.

„Man konnte doch schon am Schnee sehen, dass ewig niemand zum Haus gegangen ist. Und du willst ein Detektiv sein“, lästerte Marina.

Oskar grinste nur.

Insgesamt sammelten sie an diesem Nachmittag 34 Euro. Überall hörten sie von den falschen Engeln, die schon vor einer Woche in der Hortensienstraße gesungen hatten.

„In den letzten Tagen waren die Betrüger zum Glück nicht mehr unterwegs. Kann ja sein, dass die genug Geld zusammen haben. Stimmt's?“ Jessica sah auffordernd ihre beste Freundin an, die daraufhin wie wild mit dem Kopf nickte und mehrfach „Stimmt genau“ sagte. Als ob das nötig gewesen wäre. Die beiden waren ja ohnehin stets einer Meinung.

„Vielleicht ist ja einer von denen krank geworden“, fiel Fabio ein. „Halsschmerzen oder so. Bei dem Wetter ...“

Diesmal sagte Oskar voller Überzeugung: „Stimmt. Oder sie haben keine Lust mehr, weil sie lieber rodeln gehen.“

„Und von dem gesammelten Geld haben sie sich einen Schlitten gekauft“, überlegte Jessica laut. „Ich könnte auch gut einen neuen gebrauchen.“

„Vor allem brauchen die Hunde im Tierheim ihren Auslauf. Also weiter“, drängelte Oskar. „Ich hab nur noch zehn Minuten Zeit.“

## 18. Kapitel
## Eine unerwartete Begegnung im Kaufhaus

„Und für Oma kaufen wir Handtücher, in Weiß und Hellblau. Das passt gut in ihr neues Badezimmer.“ Katharina Nusspickel schob ihren Sohn vor sich her. „Handtücher gibt es im zweiten Stock. Wir müssen zur Rolltreppe.“

Gehorsam bahnte Oskar sich einen Weg durch die Menschenmassen. Aus den Lautsprechern erklangen Weihnachtslieder. Jemand sang von Frieden für die Welt. Friedlich ging es im Kaufhaus allerdings nicht zu. Eine ältere Dame schubste Oskar erbarmungslos zur Seite. „Pass doch auf!“, fauchte sie ihn an. Ein älterer Herr benutzte seinen Gehstock, um sich Platz zu verschaffen. Vor den Kassen standen wartende Menschen. Überall sah man missmutige Gesichter. Von fröhlicher Weihnacht konnte gar nicht die Rede sein. Für einen Moment beneidete Oskar den Freund seiner Mutter. Dietmar Brathfisch musste sich nicht durch überfüllte Kaufhäuser drängeln, um nach Geschenken zu suchen.

„Warum haben wir die Geschenke nicht schon im November gekauft?"

Katharina Nusspickel wich geschickt einer Mutter mit zwei schreienden Kleinkindern aus, die den Kinderwagen benutzte, um die Leute aus dem Weg zu drängen. „Das nehme ich mir jedes Jahr vor. Aber es klappt einfach nicht. Komm, es sind nur noch ein paar Meter."

Die Rolltreppe quietschte zum Herzerweichen. Kein Wunder, so viele Menschen musste sie normalerweise nicht befördern. Es gab ein leises Zischen, dann blieb die Treppe stehen – Ende.

„Das darf doch nicht wahr sein!", brüllte jemand. „Was ist das hier für ein Saftladen? Nicht mal die Rolltreppe funktioniert. Komm, Erna, wir gehen woanders einkaufen!"

Ein übergewichtiges Pärchen drehte sich mitten auf der Treppe um und versuchte den Abstieg – was praktisch unmöglich war, weil die Menschen hinter ihnen dicht an dicht standen.

Da half kein Schimpfen, auch kein unfreundliches: „Nun gehen Sie doch mal zur Seite." Es ging weder vor noch zurück.

Erst als die Leute, die oben auf der Treppe standen, die Stufen zu Fuß erklommen, löste sich das Menschenknäuel langsam auf. Auch der wütende Mann und seine Erna wurden mit nach oben gedrängt.

Oskar und seine Mutter erreichten schließlich keuchend den zweiten Stock. Hellblaue Frotteehandtücher gab es nicht.

„Die kommen erst nach den Festtagen wieder rein. Tut mir leid. In diesem Jahr ist sowieso Grün modern, Apfelgrün und Orange. Wenn ich Ihnen da mal etwas zeigen dürfte …“ Die Verkäuferin schaute Katharina Nusspickel streng an. Scheinbar gehörte es sich nicht, in diesem Jahr hellblaue Handtücher verschenken zu wollen.

„Nein danke. Ich glaube kaum, dass meine Mutter solche grellen Farben mag.“ Ärgerlich wandte Katharina Nusspickel sich ab. „Komm, Oskar, dann gehen wir eben ins nächste Kaufhaus.“

Oh nein! Am liebsten hätte Oskar gefragt, ob seine Oma unbedingt ein Geschenk zu Weihnachten haben musste. Aber die Antwort konnte er sich natürlich selbst geben. Also auf ins nächste Geschäft. Dabei taten ihm jetzt schon die Füße weh. Erst zwei Stunden „Alle Jahre wieder“ singen und jetzt dieser Einkaufsmarathon. Vom Schnee hatte er an diesem Nachmittag noch gar nichts gehabt. Und im Radio hatten sie bereits Tauwetter angekündigt.

„Opa könnten wir eine CD schenken. Komm, da hinten ist die CD-Abteilung.“ Zielstrebig schoss Katharina Nusspickel in eine Menschenlücke. Ihren Sohn zog sie am Jackenärmel mit sich.

Bei den CDs war es tausendmal interessanter als bei den langweiligen Handtüchern, vor allem, weil da auch die Spiele für PCs und Spielkonsolen standen. Vor dem Regal hatte sich eine Traube von Kindern versammelt.

Und dann sah Oskar die roten Turnschuhe – schlecht geputzt, aber knallrot. Der Junge, der sie trug, war nicht Hendrik Wedemeier. Sein Haar glänzte weizenblond. Außerdem standen neben ihm zwei weitere blonde Jungen, einen und zwei Köpfe kleiner als er selbst. Ihre Turnschuhe leuchteten blau und grün. Die Jacken der drei Jungen waren genau gleich: schwarz mit gelbschwarz gestreiften Ärmeln und einer riesigen gelben Sieben auf dem Rücken. Brüder! Na klar, darauf hätte man auch eher kommen können.

Oskar hörte, wie der größte der drei Jungen sagte: „Vier Spiele können wir uns schon kaufen. Für das letzte fehlen noch 30 Euro. Morgen müssen wir noch mal ran. Danach ist endlich Schluss mit dem Blödsinn."

Was für ein unerwartetes Glück: Da suchte man seit Wochen nach den drei falschen Engeln. Alle Spuren liefen ins Nichts. Die Sache war praktisch aussichtslos – und jetzt standen sie einfach da, wie ein vorzeitiges Weihnachtsgeschenk! Man brauchte ihnen nur noch hinterherzulaufen, um ihre Adresse herauszukriegen.

Angebot
199.-
89.-
HLC
HLC
HLC
HLC
HLC

Die drei Brüder wandten sich zum Gehen. Oskar stieß seine Mutter an. „Siehst du die drei? Das sind die falschen Weihnachtsengel. Ich muss sie verfolgen, tut mir leid." Ehe seine Mutter etwas antworten konnte, war er im Menschengewühl verschwunden.

Irgendwo hinter ihm tönte es wütend: „Oskar! Oskar Nusspickel! Du kommst sofort zurück! Was soll der Quatsch? Du verfolgst niemanden, hörst du, niemanden! Du hilfst mir tragen! Wir beide kaufen jetzt ein und basta! In sieben Tagen ist Weihnachten, hast du das vergessen? Oskar! Oskaaar!" Die Stimme von Katharina Nusspickel wurde immer leiser, irgendwann hörte man nur noch die Kaufhausmusik: „Leise rieselt der Schnee". Und das stimmte. Draußen schneite es wie verrückt.

## 19. Kapitel
## **Drei Brüder kommen zu spät**

Die drei Tatverdächtigen merkten nicht, dass sie verfolgt wurden. Sie stapften mit gesenkten Köpfen durch den Schnee. Oskar, der ein paar Meter hinter ihnen durch den Schnee tapste, sah bald nur noch drei gelbe Siebenen leuchten, die direkt auf die Bushaltestelle zusteuerten.

Die Brüder wollten also Bus fahren. So ein Mist! Das Geld, das Oskar in der Tasche trug, war eigentlich für Weihnachtsgeschenke bestimmt. Aber er hatte ja keine Wahl. Jetzt, da er die Übeltäter endlich gefunden hatte, musste er sie verfolgen. Da kam auch schon der Bus. Oskar löste eine Karte und stellte sich schräg hinter die drei Brüder. Der kleinste hieß scheinbar Holli. Ständig hörte man: „Hör auf zu jammern, Holli! Geh mir nicht auf die Nerven, Holli! Halt doch mal die Klappe, Holli!“ Nee, als kleiner Bruder hatte man es auch nicht leicht.

Am Heiligengeistwall stiegen die drei aus. Oskar ebenfalls. Und zum Glück auch noch zwei Frauen, beladen mit schweren Taschen. Ihr Weg führte in dieselbe Richtung, die die drei Brüder einschlugen. Oskar brauchte nur hinterherzulaufen. Die beiden Frauen bildeten einen wunderbaren Sichtschutz. Sie unterhielten sich über Weihnachtsgeschenke, über Handtücher.

„Ich suche rote Handtücher für meine Schwester", hörte Oskar. Er überlegte kurz, ob er der Dame den Tipp geben sollte, dass in diesem Jahr Orange und Knallgrün in Mode waren, entschied sich aber dagegen. Erstens sollte niemand ihn bemerken und zweitens mochten Erwachsene es gar nicht, wenn Kinder sich in ihre Gespräche einmischten.

Die drei Brüder bogen in den Kirchweg ein. Dort standen nur Wohnblöcke. Alle sahen exakt gleich aus. Die falschen Weihnachtsengel gingen auf den Block mit der Nummer 7 zu.

Aha, dachte Oskar, deshalb diese albernen Jacken: damit sie ihre Hausnummer nicht vergessen. Gleich darauf fiel ihm ein, dass in Wohnblöcken viele Familien wohnten. Wie sollte er den Namen der drei herausfinden, ohne sich verdächtig zu machen? Er konnte doch nicht mit bis zur Haustür laufen.

Doch wie es aussah, hatte er sein Glück für diesen Tag noch nicht aufgebraucht. In diesem Moment öffnete sich nämlich ein Fenster. Eine blonde Frau lehnte sich heraus. „Jens, Thomas und Holger, nur weil ihr Späth heißt, müsst ihr noch lange nicht zu spät zum Abendessen kommen!“ Sie knallte das Fenster zu.

Oskar hätte am liebsten laut gejubelt – oder ein Weihnachtslied gesungen: „Oh, du fröhliche“ zum Beispiel. Das hätte wunderbar gepasst. Die drei Spitzbuben hießen Jens, Thomas und Holger, genannt Holli, Späth. Sie wohnten im Kirchweg 7. Und morgen wollten sie ein weiteres Mal ihr Unwesen treiben. Aber diesmal würde Oskar Nusspickel persönlich sie auf frischer Tat ertappen. Und dann mussten sie das ganze ersungene Geld wieder rausrücken, ob sie wollten oder nicht. Andernfalls würde Oskar mit Dietmar Brathfisch drohen oder besser mit der gesamten Polizei.

Die Rückfahrt mit dem Bus kostete noch einmal zwei Euro. Das Weihnachtsgeschenk seiner Mutter schrumpfte noch mehr zusammen. Für einen Kerzenständer reichte Oskars Geld jetzt nicht mehr, höchstens noch für eine schöne Kerze.

## 20. Kapitel
## **Selbst ist die Frau**

Oskar stellte sich auf jede Menge Ärger ein. Schließlich hatte er seine Mutter mitten in der Stadt sitzenlassen, mit allen schweren Einkaufstaschen. Bestimmt war sie sauer.

Tatsächlich nahm Katharina Nusspickel aber kaum Notiz von Oskars Ankunft. Stattdessen starrte sie wie gebannt auf ihren Freund. Dietmar Brathfisch – der war nämlich schon wieder da – stand auf einem Küchenstuhl. In den Händen hielt er eine lange Girlande aus falschen Tannenzweigen. Anscheinend sollte er sie über der Wohnzimmertür befestigen, was aber nicht so einfach schien. Der Nagel, den er mühsam dafür in die Wand geschlagen hatte, fiel immer wieder heraus.

„Nimm einen größeren Nagel, Schatz“, verlangte Katharina Nusspickel. Es klang etwas gereizt.

„Das funktioniert sowieso nicht. Ich brauche einen Dübel und eine vernünftige Schraube. Hast du keine Bohrmaschine?"

Nein, eine Bohrmaschine existierte im Haushalt Nusspickel nicht. Bohren machte nämlich jede Menge Dreck und darauf war Oskars Mutter nicht sonderlich scharf.

„Ich befestige alles mit Hammer und Nägeln. Und die Girlande krieg ich auch fest", behauptete Katharina Nusspickel kühn. Sie kramte ein wenig in der Schublade mit dem Werkzeug, dann zog sie einen riesigen Nagel hervor.

Dietmar Brathfisch musste den Stuhl räumen. Mit wenigen Schlägen schlug Oskars Mutter den Nagel in die Wand. „Der sitzt bombenfest. Gib mir die Tannenkette." Triumphierend befestigte sie das künstliche Grün über der Tür. „Wie du siehst, geht es auch ohne Bohrmaschine."

Dann holte sie aus ihrer Einkaufstasche eine Pappschachtel, in der sich winzige, goldene Weihnachtsengel aus Glas befanden. Mit spitzen Fingern drapierte sie den Weihnachtsschmuck in der Tannenkette. An den Ecken brachte sie anschließend noch riesige, rote Taftschleifen an.

Dietmar Brathfisch betrachtete das Ganze von der Küchentür aus. „Falsche Tannenzweige – sieht das nicht ein wenig kitschig aus?"

Das hätte er besser nicht sagen sollen. Katharina Nusspickel jedenfalls schnappte empört nach Luft. „Sagtest du gerade kitschig??? Ich finde das wunderschön, wunderwunderschön und feierlich."

Sie wandte sich an ihren Sohn. „Oskar, was meinst du? Ich hab die Weihnachtsgirlande in der Stadt entdeckt. War ein Sonderangebot, superbillig. Da muss man doch zugreifen, oder? Und schöne Handtücher für Oma hab ich auch noch gefunden.“ Davon, dass Oskar sie so schmählich im Stich gelassen hatte, sagte sie kein Wort.

Welch unerwartetes Glück: Katharina Nusspickel ärgerte sich über Dietmar und er selbst kam womöglich ungeschoren davon.

„Mir gefällt der Türschmuck sehr“, versicherte Oskar deshalb. Und er strich mit den Fingerspitzen über einen der Engel. „Wunderwunderschön. Schade, dass wir ihn nach Weihnachten wieder abnehmen müssen. Meinetwegen könnte er das ganze Jahr hängen bleiben.“

In genau diesem Moment rutschte die grün-rot-goldene Pracht vom Türrahmen. Ganz langsam, sodass wenigstens keine Engel zu Bruch gingen.

Zuerst kicherte Dietmar Brathfisch, dann begann er schallend zu lachen. „Super, deine Technik, Schatz! Jetzt verstehe ich, warum du keine Bohrmaschine brauchst.“

Katharina Nusspickel fand das keineswegs komisch. Was man daran erkennen konnte, dass sich auf ihrer Stirn eine tiefe, senkrechte Falte bildete. Ein schlechtes Zeichen, wie Oskar wusste.

Dietmar wusste es nicht. Er behauptete jetzt, dass der Kranz ohne Schraube und Dübel nicht zu befestigen sei. „Da muss wohl doch ein Mann ran, Schatz. Ich bringe morgen eine Bohrmaschine mit.“

„Das wüsste ich aber. In meine Wohnung kommt keine Bohrmaschine, merk dir das“, erklärte Katharina Nusspickel entschieden. Und dann starrte sie finster vor sich hin. Vermutlich dachte sie gerade an das Haus in der Hortensienstraße. Vermutlich würde Dietmar dort wie ein Verrückter Löcher in alle Wände bohren. Und überall rieselte Kalk und Putz auf den Boden. Nee, höchstwahrscheinlich war die Idee, mit Dietmar zusammenzuziehen, in genau diesem Augenblick gestorben – nur dass Dietmar noch nichts davon wusste.

„Gib mir den Hammer noch einmal.“ Mit kräftigen Schlägen schlug Katharina Nusspickel drei neue Nägel in die Wand. Dann befestigte sie die Tannengirlande ein weiteres Mal. „Fertig. Das hält ewig. Selbst ist die Frau.“

„Wie du meinst, Schatz.“ Dietmar Brathfisch pustete gegen die Girlande, dann berührte er vorsichtig einen der Engel. Nichts passierte. Auch nicht, als er an den künstlichen Tannennadeln zupfte. „Hmm, scheint diesmal wirklich zu halten.“

Oskar und seine Mutter zwinkerten sich hinter seinem Rücken fröhlich zu.

## 21. Kapitel
## **Ein unnötiger Streit**

Am nächsten Morgen ging Oskar so früh zur Schule, dass er Fabio, Jessica und Marina vor dem Klassenzimmer abfangen konnte.

„Ich hab sie!“, jubelte er.

„Wen? Die fünf Euro, die wir für das Weihnachtsmärchen mitbringen sollten?“, fragte Marina. „Ich hab sie auch. Ist doch nichts Besonderes.“

Mist, an die fünf Euro hatte Oskar natürlich überhaupt nicht gedacht. „Nee, die hab ich nicht.“

„Schussel. Wen hast du dann? Die Grippe? Halsschmerzen?“, lästerte Jessica.

Mensch, waren die blöd. Jetzt hatte Oskar gar keine Lust mehr, seinen Triumph mit den anderen zu teilen. Überhaupt, was hatten die drei damit zu tun, dass er, Oskar Nusspickel höchstpersönlich, der größte Superdetektiv der Stadt, die falschen Engel gefunden hatte?

Nichts. Die hatten gestern wahrscheinlich in der warmen Stube gesessen.

Oskar dagegen hatte eine Auseinandersetzung mit seiner Mutter riskiert – und das in der Vorweihnachtszeit, wo jede Ungehorsamkeit mit dem Abzug von Geschenken bestraft werden konnte. Ferner hatte er sein gespartes Geld für zwei Busfahrten eingesetzt. Und jetzt wusste er nicht, wovon er seiner Mutter ein vernünftiges Geschenk kaufen sollte. Was fiel den dreien ein, sich über ihn lustig zu machen? „Die Sache mit den falschen Engeln scheint euch ja nicht mehr zu interessieren", sagte er wütend.

Einen Moment lang war es ganz still. Dann redeten alle durcheinander. „Echt?" – „Super!" – „Du hast die Betrüger gefunden? Das müssen wir gleich Frau Mertens erzählen!"

„Hast du sie auf frischer Tat ertappt?" Typisch Jessica: Sie fand sofort das Haar in der Suppe.

Jetzt musste Oskar leider zugeben, dass es vorerst keine Beweise gab. „Aber sie sind es. Das weiß ich genau. Heute Nachmittag werde ich mich rechtzeitig auf die Lauer legen, um sie zu verfolgen. Und sobald sie das erste Geld gesammelt haben, stelle ich sie zur Rede."

„Du? Wir ja wohl, wir alle!", schimpfte Marina.

Aber da hatte sie sich geirrt. Kampfeslustig hob Oskar seinen Kopf. „Das sehe ich ganz anders. Bis jetzt habt ihr noch gar nichts dazu beigetragen, dass der Fall gelöst wird. Ich habe die falschen Weihnachtsengel entdeckt, ich ganz allein. Und darum werde ich sie auch ohne euch überführen. Dieser Fall ist meine Sache."

Fabio schnappte empört nach Luft. „Wir haben für dich mitgesungen, oder nicht? Die ganze Zeit. Sonst würdest du heute noch glauben, dass Lutz Wedemeier der Übeltäter ist." Er schluckte. Dann sagte er beleidigt: „Aber bitte, ich muss mich nicht aufdrängen. Hab ich gar nicht nötig." Er drehte sich um und marschierte in den Klassenraum.

Jessica und Marina folgten, wobei Marina noch ein gehässiges „Angeber" über ihre Schulter zischte.

Oskar blieb allein zurück. Pah, die anderen hatten gar keinen Grund, sauer auf ihn zu sein. Wenn Fabio zufällig einen Euro auf der Straße fand, würde er ihn auch nicht freiwillig mit Oskar teilen. Oder?

In der ersten Stunde sprach Frau Mertens noch einmal über die Spendenaktion. „Heute singt ihr zum letzten Mal. Bis jetzt haben wir unerwartet viel Geld eingenommen: schon über 850 Euro. Ich kann es noch gar nicht glauben. Schade, dass diese falschen Engel uns einen Teil der Spenden gestohlen haben. Aber da können wir wohl nichts machen."

Drei Augenpaare starrten Oskar an. Der schüttelte unmerklich den Kopf. Nein, er würde nicht vor der ganzen Klasse aufstehen und behaupten die Übeltäter erkannt zu haben. Hinterher stellte sich die Sache doch noch als Irrtum heraus und er würde für den Rest seiner Schulzeit als Spinner gelten.

In der großen Pause würdigte Fabio Oskar keines Blickes. Er war wirklich beleidigt. Marina dagegen fragte spöttisch, weshalb Oskar nicht Frau Mertens von seinem Fahndungserfolg erzählt habe.

„Weil ich noch keine Beweise hab", sagte Oskar trotzig. „Aber die krieg ich heute noch, keine Sorge."

Der restliche Schultag verlief ziemlich unerfreulich. Fabio, Jessica und Marina standen zusammen auf dem

Schulhof. Sie kicherten und lachten pausenlos. Oskar würdigten sie keines Blickes.

Zu Hause stibitzte Oskar ein paar von den Weihnachtsplätzchen. Aber sie schmeckten nicht so gut wie sonst. Die letzten beiden Zimtsterne legte er zurück in die Blechdose. Zuerst wollte er fernsehen, aber dann setzte er sich an seinen Schreibtisch und starrte riesige Löcher in die Luft. Wer hätte gedacht, dass Fabio sich als Mädchenfreund entpuppen könnte? Oskar nicht. Der hatte gemeint, er und Fabio Andreotti müssten bis ans Ende ihrer Tage die besten Freunde bleiben. Und jetzt war Fabio zur Gegenseite übergelaufen, ohne jeden Grund.

Ohne jeden Grund – stimmte das überhaupt? Oskar schluckte. Seine eigenen Worte fielen ihm ein. Er hatte gesagt, die anderen hätten nichts zur Lösung des Falles beigetragen. Und die Sache mit den drei falschen Weihnachtsengeln wäre deshalb allein seine Angelegenheit. Dabei stimmte das gar nicht. Ganz schön blöd.

Fabio war sein bester Freund, immer schon. Bereits im Kindergarten hatten sie jeden Tag miteinander gespielt. Und im letzten Sommer hatte Fabio ihm mehrfach ein Eis ausgegeben – von seinem Taschengeld, einfach so.

Zuerst schaute Oskar das Telefon nur an, bestimmt fünf Minuten lang. Dann wählte er Fabios Nummer –

und legte ganz schnell wieder auf. Was sollte er denn auch sagen? Dass es ihm leidtat? Dass er ein Idiot war? Nöö, das fiel ihm im Traum nicht ein.

Nach zehn Minuten griff er wieder zum Telefon. Warum eigentlich nicht? Es tat ihm doch ehrlich leid. Und wie ein Idiot hatte er sich sowieso benommen. Fabios Nummer kannte er auswendig.

„Hier ist Oskar. Ich möchte mich entschuldigen. Wenn du noch willst, bringen wir die Sache mit den drei falschen Weihnachtsengeln zusammen zu Ende."

Fabio war ein echter Freund, überhaupt nicht nachtragend. „Klasse. Und Jessica und Marina musst du auch anrufen. Die haben die ganze Zeit für dich mitgesungen. Jessicas Mutter hat sogar dein Kostüm gebügelt. Es ist nicht fair, die beiden auszuklammern."

Oh Mann, jetzt bereute Oskar beinahe schon seinen Anruf. Mit Fabio konnte er alles bereden, da fiel so eine Entschuldigung nicht so schwer. Aber die Mädchen … Und welche sollte er zuerst anrufen?

Oskar nahm eine Euromünze. Die Zahl stand für Jessica, der Adler für Marina. Er warf die Münze in die Luft. Der Adler landete oben.

Wider Erwarten verlief der Anruf bei Marina völlig problemlos. „Super. Ich sag Jessica auch Bescheid. Wir sehen uns um halb zwei. Bis dann."

Kaum zu glauben. Marina hatte keine altklugen Sprüche vom Stapel gelassen. Ja, sie hatte ihm sogar den Anruf bei ihrer Freundin Jessica erspart. Vielleicht stimmte es, was seine Mutter immer sagte: dass der Dezember ein Monat der Stille und Besinnung war.

## 22. Kapitel
## **Die Täter werden verfolgt**

Um halb zwei trafen sich Oskar, Fabio, Jessica und Marina am Kirchweg. Ihre Engelsgewänder hatten sie zu Hause gelassen. Heute wurde nicht gesungen. Heute wollten sie die Spendengelder von den falschen Weihnachtsengeln einfordern.

Oskar fühlte sich befreit. Er war wirklich froh, den dummen Streit ausgeräumt zu haben. „Wir teilen uns in zwei Gruppen. Und im Bus tun wir so, als ob wir uns nicht kennen, verstanden?“

„Und was ist, wenn die gar nicht den Bus nehmen? Wenn die womöglich mit dem Fahrrad fahren?“, wollte Marina wissen.

„Die fahren mit dem Bus“, sagte Oskar überzeugt. Obwohl ihm vor Schreck ganz heiß wurde. Mensch, da war ihm zu guter Letzt ja ein schlimmer Fehler unterlaufen. Ein echter Superdetektiv war er wohl doch noch nicht. Man stelle sich vor, Jens, Thomas und Holger Späth radelten den vier Detektiven einfach davon. „Die Straßenverhältnisse sind zu schlecht", flüsterte Oskar hoffnungsvoll. „Da fährt keiner freiwillig Fahrrad." Tatsächlich hatte sich die Schneedecke in eine glitschige Eisbahn verwandelt und die Menschen gingen zu Fuß oder benutzten den Bus, wenn sie in die Stadt wollten.

Die Haustür öffnete sich. Die drei Brüder Späth kamen heraus. Wie Weihnachtsengel sahen sie nicht gerade aus. Eher wie drei ganz normale Kinder in warmen Winterjacken. Immerhin trug der Älteste verdächtiges Schuhwerk.

„Rote Turnschuhe", flüsterte Marina überrascht. So als hätte sie Oskar bislang kein Wort geglaubt.

Gerade noch rechtzeitig fiel Oskar ein, was er gerade angeordnet hatte. „Wir kennen uns nicht." Er zog Fabio mit sich auf die andere Straßenseite. Dort begannen die beiden, sich wie wild mit Schneebällen zu beschießen. Eine perfekte Tarnung, fand Oskar.

Die drei Brüder stiefelten Richtung Bushaltestelle. Jens, der älteste, trug eine große Einkaufstasche bei sich. Darin war Platz genug für drei Engelskostüme.

Oskar und seine Freunde nahmen die Verfolgung auf. Die beiden Jungen blieben dabei auf der gegenüberliegenden Straßenseite, während die Mädchen den Verdächtigen im Abstand von wenigen Metern folgten.

Als die Kinder in den Heiligengeistwall einbogen, näherte sich der Bus. Die drei Brüder begannen zu rennen. Ihren Verfolgern blieb nichts anderes übrig, als ebenfalls die Beine in die Hand zu nehmen. Unauffällig konnte man das nicht nennen. Zum Glück waren die Verdächtigen mit sich selbst beschäftigt. Der Größte schimpfte unentwegt mit dem Kleinsten: „Los, Holli, du lahme Schnecke, immer trödelst du …"

Während der Busfahrt zog Oskar seine Mütze tief in die Stirn. Niemand sollte ihn erkennen. Fabio machte es ihm gleich. In Ermangelung einer Mütze musste er seinen Schal vor das Gesicht ziehen. Er sah aus, als ob er Zahnschmerzen hätte, fand Oskar. Aber er sagte nichts. Bloß keinen neuen Streit anfangen.

Am Busbahnhof stiegen die Brüder aus. Die Detektive ebenfalls, wobei sie darauf achteten, nicht dieselbe Tür zu benutzen. Die Mädchen verließen den Bus, genau wie die Tatverdächtigen, durch die Hintertür. Die Jungen nahmen die Vordertür.

„Hey, das ist verboten. Hier ist der Einstieg", meckerte der Fahrer. Gut, dass die Brüder Späth schon ein paar Meter weiter waren. Sonst wären sie vielleicht auf ihre Verfolger aufmerksam geworden.

Auf dem Busbahnhof verschwanden die drei in der Herrentoilette. „Mensch, haben die 'ne schwache Blase", wunderte sich Fabio. „Die kommen doch gerade von zu Hause."

„Das liegt an der Kälte“, erklärte Marina mit wichtiger Miene. „Da kann man sich schnell die Blase erkälten. Und dann muss man laufend zum Klo rennen. Meine Oma sagt immer, dass man im Winter einen Wollschlüpfer tragen muss.“

Wollschlüpfer? Blasenentzündung? Die zwei wollten Detektive sein? Fassungslos schüttelte Oskar den Kopf. Dann beschloss er, den beiden auf die Sprünge zu helfen. „Die pinkeln nicht, die ziehen sich um, ihr Deppen.“

„Glaub ich nicht. Und ein Depp bin ich schon gar nicht“, zischte Marina.

Was sich nicht beweisen ließ, denn in diesem Moment öffnete sich die Tür und drei blonde Weihnachtsengel traten aus der Herrentoilette.

## 23. Kapitel
## **Auf frischer Tat ertappt**

„Jetzt geht es los!“ Jessica wollte schnurstracks auf die drei Brüder losmarschieren.

Doch Oskar hielt sie am Arm fest. „Noch nicht. Wir müssen sie auf frischer Tat ertappen. Sonst können sie alles abstreiten.“ Dass dieser Tipp von Kommissar Dietmar Brathfisch stammte, hatte die anderen nicht zu interessieren.

„Oskar hat recht.“ Das kam von Marina. „Los, wir teilen uns wieder auf. Und nicht wieder mit Schneebällen werfen. Das ist zu auffällig.“ Sie zog ihre Freundin mit sich fort.

Hm, das mit den Schneebällen stimmte. Also steckte Oskar seine Hände in die Taschen seiner Jacke und begann zu pfeifen. „Alle Jahre wieder“, das Lied kannte er am besten.

Fabio pfiff leise mit.

Einmal schaute einer der Brüder, es war Holli, der kleinste, sich um. Sofort wurde er angemeckert. „Los, beeil dich! Wir haben nicht ewig Zeit."

Armer Holli. Er trippelte mit seinen kurzen Beinen über den hart gefrorenen Schnee.

Fabio unterbrach sein Pfeifen. „Hoffentlich gehen die nicht so weit. Ich hab meine Handschuhe vergessen. Meine Finger sind eiskalt. Das kommt von unserer Schneeballschlacht. Sag mal, können Finger eigentlich abfrieren?" Besorgt schaute er auf seine knallroten Hände.

„Hab ich noch nie gehört", schwindelte Oskar. In Wirklichkeit war er ziemlich sicher, dass Finger abfrieren konnten. Und die von Fabio sahen nicht mehr sonderlich lebendig aus. Das Rot verwandelte sich gerade in ein leuchtendes Lila. „Steck die Hände in die Jackentaschen", ordnete er deshalb an. „Und beweg sie hin und her." Möglicherweise konnte man die Finger seines besten Freundes ja noch retten.

Vielleicht war es den drei falschen Weihnachtsengeln auch zu kalt, um stundenlang durch die Gegend zu laufen. Auf jeden Fall bogen sie jetzt in die Gärtnerstraße ein. Dort steuerten sie direkt das erste Haus an.

Unglücklicherweise ein Haus mit einer meterlangen Einfahrt. Es war unmöglich, ihnen zu folgen, ohne sich zu verraten. Und hören, was gesprochen wurde, konnte man von der Straße aus auch nicht. So ein Käse.

Die Haustür öffnete sich, man hörte ein leises Geräusch, Gesang wahrscheinlich, dann sah man eine Hand, die einem der Engel etwas überreichte, und die Tür schloss sich wieder.

„Verstecken", zischte Oskar. Die vier stoben auseinander. Jessica und Marina fanden Schutz hinter einer Telefonzelle, Oskar und Fabio duckten sich hinter eine Hecke.

Die drei Brüder bewegten sich auf das nächste Haus zu. Auch hier ließ die lange Zufahrt nicht zu, dass die Detektive ihnen bis ans Haus folgen konnten. Überhaupt lagen alle Häuser in der Gärtnerstraße mindestens zehn Meter von der Straße zurück.

„Ich hab's!", flüsterte Oskar. „Während die drei dort singen, verstecken wir uns in der Einfahrt des nächsten Hauses." Ein genialer Plan, der nur vom Chefdetektiv persönlich stammen konnte.

Ausführen ließ er sich dennoch nicht. Vor dem betreffenden Haus warnte nämlich ein großes Schild vor einem bissigen Hund.

„Geh du allein", schlug Oskar seinem besten Freund Fabio vor. „Dich lässt der Köter in Ruhe. Deine Hände sind ja schon so gut wie tot und Hunde mögen keine Leichen. Glaub ich jedenfalls."

Fabio verschlug es die Sprache. Marina nicht. „Du bist vielleicht ein Freund", schimpfte sie. „Los, wir nehmen das nächste Haus."

Gesagt, getan. Hinter den hohen Tannen, die den Weg zum Haus säumten, konnte man sich wunderbar verstecken. Jetzt kamen auch die falschen Weihnachtsengel. Offenbar verspürten sie ebenfalls keine Lust, gebissen zu werden. Das Haus mit dem gefährlichen Hund hatten sie jedenfalls ausgelassen.

Der mittlere Bruder klingelte. Eine ältere Frau öffnete. Sie trug seltsame Ohrringe, die an Weihnachtsbaumkugeln erinnerten. „Ja bitte?", flötete sie.

„Guten Tag. Wir singen für das Tierheim. Vielleicht haben sie davon in der Zeitung gelesen", sagte der Engel mit den roten Turnschuhen. Er zählte leise bis drei und dann erklang „Stille Nacht, Heilige Nacht". Allerdings nur die erste Strophe – und einstimmig.

Die Frau schien nicht begeistert von der musikalischen Darbietung. „Na ja, Gesangskünstler seid ihr ja nicht gerade. Aber der gute Wille zählt. Wofür, sagtest du, sammelt ihr Geld?"

„Für das Tierheim ... Ich glaub, für die Hunde." Der mittlere Engel schaute unsicher seinen großen Bruder an.

Der nickte. „Für die Hunde, genau."

Die Frau holte einen Fünfeuroschein hervor. „Da, für Hundefutter. Auf Wiedersehen." Sie schloss die Tür.

Im selben Moment brachen vier aufgeregte Kinder aus den verschneiten Tannen, wobei Oskar im Eifer des Gefechtes stolperte, gegen einen der Bäume fiel und einen Schneerutsch auslöste, der ausgerechnet den halb erfrorenen Fabio traf. „Geld her, ihr Betrüger!"

Holger, oder besser: Holli, begann sogleich zu weinen. „Siehst du, Jens, jetzt ist es aus mit uns. Buhuhu, wir werden verhaftet und … und … und wir müssen ins Gefängnis. Buhuhu, ich will aber nicht eingesperrt werden! Ich hab doch Angst allein im Dunkeln." Seine Worte wurden immer wieder von heftigen Schluchzern unterbrochen.

Sogleich schmolzen die Mädchenherzen dahin. „Du kommst doch nicht ins Gefängnis", versprach Jessica. Und Marina kramte ein Hustenbonbon aus ihrer Jackentasche. „Hier, Holli, willst du?" Sie strich dem Kleinen tröstend über den Kopf.

Jens gab seinem kleinen Bruder einen unsanften Schubs. „Sei still! Das sind Kinder, du Blödmann. Die können uns überhaupt nicht verhaften. Was wollt ihr überhaupt, hä? Wir singen für das Städtische Tierheim, ist das vielleicht verboten? Es stand sogar in der Zeitung. Aber ihr könnt wahrscheinlich gar nicht lesen!" Er lachte unfreundlich. „Weiter jetzt." Er wollte seine Brüder mit sich ziehen.

Doch so kam er ganz bestimmt nicht davon. Oskar stellte sich breitbeinig in den Weg. „Wir singen für das Städtische Tierheim – übrigens nicht für Hundefutter, sondern für ein Freigehege. Wer hier wohl nicht lesen kann? Ihr dagegen wollt fünf Spiele für eure Spielkonsole kaufen. Euch fehlen noch genau 30 Euro für das letzte Spiel, das ihr ausgesucht habt, stimmt's?"

Damit, dass dieser Junge so genau informiert war, hatte Jens Späth natürlich nicht gerechnet. Er wurde leichenblass. „Woher weißt du das?"

Die Antwort bestand aus einem hochmütigen Lächeln. „Mein Vater ist bei der Kripo. Entweder ihr rückt das Geld auf der Stelle raus oder die Polizei wird sich bei euren Eltern melden." Er ließ eine wirkungsvolle Pause. „Späth, Kirchweg 7. Wir wissen alles."

Jetzt kullerten auch bei Thomas, dem mittleren Engel, ein paar Tränen. „Du hast gesagt, uns kann nichts passieren. Und jetzt kommt die Polizei zu uns nach Hause. Ich wette, wir kriegen nichts zu Weihnachten! Und ich wollte doch so gern einen …" Der Rest des Satzes ging in einem verzweifelten Schluchzen unter.

Auch Holli brach wieder in Tränen aus. „Ich wollte ein Piratenschiff von Playmobil", heulte er. „Schon ganz lange wünsche ich mir das. Ich brauche gar keine blöden Spiele. Ihr lasst mich sowieso nie mitspielen!"

Oh Mann, so weit hatte Oskar noch gar nicht überlegt. Kurz vor Weihnachten wegen so einer Geschichte Ärger kriegen. Da war das Fest doch gelaufen.

Fabio musste etwas ganz Ähnliches denken. „Früher hab ich geglaubt, dass der Weihnachtsmann mit einer Rute kommt, wenn man ungezogen ist. Aber ich

glaube, so was machen die Eltern heutzutage selbst", murmelte er.

„Quatsch", fauchte Jens Späth. Sehr überzeugt klang das allerdings nicht.

Es war schon eine seltsame Versammlung, die da auf der Straße stand: drei Weihnachtsengel, von denen zwei zum Herzerweichen heulten, während der Dritte wütend vor sich hinstarrte, dazu vier andere Kinder, zwei Jungen mit betretenen Mienen und zwei Mädchen, die den kleinsten Engel zu trösten versuchten, indem sie ihn mit Hustenbonbons fütterten.

„Ich will aber mein Playmobil-Piratenschiff!", heulte Holger. „Mein Piratenschiff! Ich sag Papa die Wahrheit. Dass ich mitkommen musste. Dass du mir sonst Gruselgeschichten erzählen wolltest, abends im Dunkeln, damit ich Angst kriege und nicht einschlafen kann und …"

„Wie gemein." Jessica warf Jens einen bitterbösen Blick zu. „Und wegen so eines Scheusals kriegt der Kleine keine Weihnachtsgeschenke."

Thomas, der mittlere Engel, hatte sich jetzt gefasst. „Wenn wir euch das ganze Geld geben, würdet ihr die Sache dann für euch behalten? Wir haben 120 Euro gesammelt."

„Damit die sich von unserem Geld was kaufen? Du spinnst wohl. Wir rücken keinen Euro raus." Jens schob trotzig das Kinn vor.

Mit solchen Verdächtigungen war er bei Jessica Hamann genau an der richtigen Adresse. Empört baute sie sich vor dem Engel mit den roten Turnschuhen auf. „Wir kaufen uns ganz bestimmt nichts von dem Geld. Wir spenden alles dem Tierheim. Weil wir, die Kinder der Klasse 4a, beschlossen haben, zu Weihnachten etwas Gutes zu tun. Wir wollen denen helfen, an die sonst keiner denkt."

„Pah, die blöden Köter. An mich denkt auch keiner." Jens stieß mit seiner Schuhspitze in den Schnee.

„Oh doch: Papa, der wird an dich denken, wenn es das nächste Mal Taschengeld gibt. Dann kriegst du nämlich nichts. Genau wie ich und Holli. Ich wette, dafür kriegen wir hundert Jahre Taschengeldsperre." Thomas Späth holte tief Luft. „Weißt du was? Deine Vorschläge sind Mist, allergrößter Mist. Holli und ich hören jetzt einfach nicht mehr auf dich ... Stimmt's, Holli?"

Der nickte.

„Wir geben das Geld zurück. Und hoffen, dass die vier Mama und Papa nicht die Wahrheit sagen. Sonst ist Weihnachten nämlich gelaufen – und Ostern auch. Und mein Geburtstag im Mai."

Sechs Augenpaare starrten auf Jens. Der brauchte ein paar Minuten, bis er ein unfreundliches „Meinetwegen" hervorbrachte. „Am Ende krieg ich ja doch die ganze Schuld. Da hab ich auch keine Lust drauf."

„Du kriegst nicht die ganze Schuld, du hast sie schon", fand Oskar. „Und das, was du dem kleinen Holli angedroht hast, war echt fies. Wegen dir würde ich die ganze Geschichte am liebsten überall weitererzählen."

„Tun wir aber nicht, keine Angst, Holli. Du kriegst bestimmt dein Piratenschiff." Marina zog ein Taschentuch aus ihrem Anorak und wischte dem Kleinen die Tränen ab. Und dann sagte sie zu Jens: „Eure Kostüme find ich übrigens ziemlich primitiv. Von mir hättet ihr kein Geld gekriegt."

Tatsächlich hatten die zwei älteren Jungen sich einfach in weiße Betttücher gewickelt. Bei Holli war es sogar nur ein normales weißes Handtuch.

Zwei Stunden später saßen die vier Detektive in der Nusspickel'schen Küche. Es gab heißen Kakao und Plätzchen. Katharina Nusspickel und Dietmar Brathfisch hörten sich die Geschichte an.

„Ich find es super, wie ihr die falschen Engel ausfindig gemacht habt. Aber noch besser gefällt mir, dass ihr aus Rücksicht auf die beiden jüngeren Brüder alles für euch behalten wollt. Ich denke, die haben was gelernt, zumindest die beiden Kleinen." Dietmar Brathfisch boxte Oskar spielerisch in die Seite. „Mir scheint, du bist doch 'ne echte Spürnase. Wer weiß, vielleicht werden wir eines Tages noch Kollegen."

Nachdenklich knabberte Marina an einem Zimtstern. „Müssen wir Frau Mertens nicht die Wahrheit erzählen? Die wundert sich bestimmt, wo das viele Geld herkommt."

Katharina Nusspickel hatte eine Idee. „Was haltet ihr davon, wenn ich nachher bei Frau Mertens anrufe? Ich erzähle ihr alles. Sie wird schon verstehen, dass niemand die Namen der falschen Engel erfahren soll. Schließlich ist kein Schaden entstanden. Die Leute haben für das Tierheim gespendet und da kommt das Geld jetzt auch an."

## 24. Kapitel
## **Ein wunderbares Ende**

Oskar erwachte um fünf Uhr sieben. Durchs Fenster funkelten unzählige Sterne. Heute war der 24. Dezember, der aufregendste Tag des Jahres. Oskar brauchte nur an das Wort „Geschenke“ zu denken, schon bummerte sein Herz wie verrückt. An Weiterschlafen war nicht zu denken. Er öffnete das letzte Türchen des Adventskalenders, entnahm das letzte Stück Schokolade – diesmal ein dicker, pausbäckiger Engel, der ihn ein kleines bisschen an Holli erinnerte – und steckte es in den Mund.

Gerade mal eine Minute brauchte er dafür. Fünf Uhr acht zeigte der Wecker: noch zwölf Stunden bis zur Bescherung, mindestens. Bis dahin war er vielleicht schon vor Ungeduld gestorben.

Das Geschenk für seine Mutter, eine gedrehte Kerze aus Bienenwachs, lag eingepackt unter seinem Bett.

Mehr hatte er sich in diesem Jahr wegen der vielen Busfahrten nicht leisten können.

Gestern war das Paket von Lothar Rittersberg eingetroffen: ein großer, viereckiger Pappkarton, der alles Mögliche enthalten konnte. Na gut, keinen Hund, aber damit hatte er ja auch nicht wirklich gerechnet. Katharina Nusspickel hatte den Karton im Schlafzimmerschrank eingeschlossen, wie immer. Und sie hatte sich nicht sonderlich dabei angestrengt. Den Fernsehapparat konnte er wohl auch streichen.

Am liebsten hätte Oskar jetzt Weihnachtslieder gehört, ganz laut. Aber er wusste, dass seine Mutter davon nicht gerade begeistert sein würde. Um fünf Uhr neun, so spät war es inzwischen, wollte sie nichts anderes als schlafen. Gestern war sie spät ins Bett gekommen. Sie hatte, wie in jedem Jahr, abends den Christbaum geschmückt, die Geschenke daruntergelegt und dann das Wohnzimmer abgeschlossen. Den ganzen Tag musste Oskar an der Tür vorbeilaufen, hinter der seine Geschenke lagen – bereit zum Auspacken. Und er durfte nicht hinein. Die reinste Folter war das!

Erst um halb fünf, wenn es draußen dunkel wurde, begann die Bescherung. Katharina Nusspickel zündete die Kerzen am Weihnachtsbaum an, dann klingelte sie mit einem kleinen Messingglöckchen und endlich, endlich durfte Oskar in die Stube. In diesem Jahr würde auch Dietmar Brathfisch anwesend sein – ohne Geschenke, was Oskar nach wie vor ärgerte.

Noch etwas war anders als sonst: Sie würden nicht, wie in den vergangenen Jahren, bei Brigitte frühstücken, sondern stattdessen gemeinsam ins Städtische Tierheim fahren. Dort sollte um halb elf das gespendete Geld für den Hundeauslauf übergeben werden. Alle Schüler der 4a waren eingeladen, außerdem die Eltern. Der Bürgermeister wollte auch kommen, und dann natürlich die Presse.

Oskar hatte das Städtische Tierheim noch nie von innen gesehen. Und nachträglich war er ganz froh darüber. Denn so viele traurige Augen auf einmal hatte er sich nicht vorstellen können. Nee, man konnte die armen Hunde und Katzen gar nicht anschauen, ohne dass einem das Herz schwer wurde.

Das Städtische Tierheim wurde von einer älteren Frau geleitet. Als Frau Mertens ihr im Namen der Klasse 1540 Euro überreichte, war sie ganz sprachlos vor Glück. „So viel? Wirklich?" Sie schluckte ein paarmal, dann sagte sie mit zittriger Stimme: „Eigentlich habe ich eine lange Dankesrede vorbereitet." Sie hielt einen Zettel hoch. „Aber das ist Quatsch." Sie zerknüllte das Papier. „Ich bedanke mich im Namen meiner Tiere. Und ich möchte unbedingt sagen, dass Sie, liebe Eltern, stolz sein können auf Ihre Kinder. Wer ist in diesen Zeiten schon bereit, freiwillig etwas Gutes zu tun? Vielen, vielen Dank.“ Und dann forderte sie alle auf, einen Rundgang durch das Tierheim zu machen.

„Sie hat recht, ich bin stolz auf dich.“ Katharina Nusspickel legte ihre Hand auf Oskars Schulter. „Du hast sogar die falschen Weihnachtsengel gefunden und ihnen das Geld wieder abgenommen. Das finde ich wirklich beeindruckend. Komm, wir schauen uns die Tiere an. Wo ist überhaupt Dietmar?“ Suchend schaute sie sich um. Kommissar Brathfisch war nirgends zu entdecken.

Dafür entdeckte Oskar die Brüder Späth. Sie hatten sich unter die Besucher gemischt.

Holli winkte freudig. „Ich bin froh, dass die Hunde unser Geld kriegen. Die sehen ganz schön traurig aus.“

Thomas schloss sich seiner Meinung an.

„Arme Viecher, die müssen wirklich mal aus den Käfigen raus“, knurrte sogar Jens. Und dann zog er seine Brüder mit sich fort.

Schließlich fand sich auch Dietmar Brathfisch wieder. Er kniete vor einem Käfig, in dem ein langhaariger Hund lag. Sein Fell hatte genau die gleiche Farbe wie die Haare von Kommissar Brathfisch. Die beiden starrten sich durch das Metallgitter an.

„Ist der nicht bildschön? Das ist ein Golden Retriever. Er heißt Caruso und ist ungefähr zehn Monate alt. Sein Vorbesitzer hat ihn an der Autobahn ausgesetzt – und das bei diesen Temperaturen. Caruso sucht eine neue Familie …" Er schaute Katharina Nusspickel an. „Findest du nicht auch, dass er besonders treue Augen hat?"

Oskars Herz hämmerte wie verrückt. Daran, dass Dietmar diesen Hund kaufen wollte, konnte gar kein Zweifel bestehen!

Auch Katharina Nusspickel begriff das sofort. Sie ging gleich zwei Schritte zurück. „Nein, Dietmar. Das ist nicht dein Ernst. In meinem Mietvertrag steht, dass ich keine Tiere halten darf."

Der Hund legte den Kopf auf seine Vorderpfoten und schnaufte. Es klang sehr enttäuscht. Oskars Herz, das eben noch so wild geklopft hatte, verwandelte sich in einen kalten Stein. Kein Hund, natürlich, wie hatte er nur hoffen können.

„In meiner Wohnung darf ich Tiere halten. Außerdem werde ich ja sehr bald in das Haus meiner Tante ziehen. Und da gibt es den großen Garten. Allerdings kennst du ja meine ungünstigen Dienstzeiten. Der arme Caruso wäre viel allein. Es sei denn …" Dietmar Brathfisch zwinkerte Katharina Nusspickel heftig zu. „Sag mal, Oskar, was hältst du davon, Carusos zweitbester Freund zu werden? Der beste werde natürlich ich selber sein. Aber du könntest ihn regelmäßig ausführen. Und wenn deine Mutter und ich mal ins Kino gehen, passt Caruso abends auf dich auf. Hundebesuch ist in eurer Wohnung ja wohl nicht verboten."

Was Oskar davon hielt, braucht hier wohl nicht erzählt zu werden.

Und so lag Caruso unter dem Küchentisch, als Dietmar seine mit heißen Kirschen gefüllten Weihnachtspfannkuchen servierte. Und als Oskar seine Geschenke auspackte, zerfetzte der Hund mit Hingabe das bunte Geschenkpapier.

Um halb elf wurde Oskar ins Bett geschickt. Ein letztes Mal umarmte er den Hund. Und dann flüsterte er Caruso etwas ins Ohr: „Brauchst dich gar nicht an diese Wohnung zu gewöhnen. Wir ziehen nämlich bald um, in ein Haus mit Garten. Aber die brauchen noch nicht zu wissen, dass ich einverstanden bin."

Dieses Weihnachtsfest würde er wohl nie vergessen. Ausgerechnet Dietmar Brathfisch, der größte aller Weihnachtsmuffel, hatte seinen sehnlichsten Wunsch erfüllt.

Leseprobe aus:

## Barbara Wendelken,
## Oskar und die Giftaffäre

Schulausgabe erschienen im Hase und Igel Verlag, München
ISBN 978-3-86316-169-9
Begleitmaterial für Lehrkräfte
ISBN 978-3-86316-170-5

---

Es war ein wunderschöner Frühsommertag. Direkt neben der Straße flog ein schwarzer Vogel auf. Caruso wollte sofort hinterher. Oskar hielt krampfhaft die Leine fest und stemmte sich mit beiden Beinen in den Boden. „Du bleibst hier!“

„Pssst.“

Erstaunt schaute Oskar sich um. Auch Caruso hatte etwas gehört. Er spitzte die Ohren und legte den Kopf schief. Dann rannte er schwanzwedelnd zu einer riesigen Eiche. Oskar blieb gar nichts anderes übrig, als ebenfalls zu der Eiche zu rennen, weil Caruso ihn einfach hinter sich herzog. Da konnte er „Halt!“ oder „Steh!“ rufen, sooft er wollte, den Hund interessierte das kein bisschen.

Hinter dem Baum stand ein alter Mann. Sein schulterlanges, graues Haar wehte im Wind. Er trug Gummistiefel und eine grüne Strickjacke mit Löchern an den Ellenbogen. Wenn Oskar so recht darüber nachdachte, hatte er in seinem ganzen Leben noch keinen alten Mann mit so langen Haaren gesehen.

– Leseprobe –

„Psst. Komm mal her!“ Der Alte winkte Oskar heran. „Ich hab dich gestern schon gesehen. Du darfst hier niemals deinen Hund frei laufen lassen. Hier ist alles vergiftet.“

„Vergiftet?“ Erstaunt schaute Oskar sich um. Konnte es sein, dass der Mann nicht ganz richtig im Kopf war? Oder betrunken? Auf jeden Fall schien er von seiner Aussage sehr überzeugt.

„Ja. Hier ist alles verseucht. Glaub mir. Siehst du die Gärtnerei?“

Oskar nickte. Die riesigen Gewächshäuser und die gelben Folientunnel waren nicht zu übersehen.

„Die spritzen Gift. In den Teichen gibt es keine Fische mehr, keine Kröten, keine Frösche – alles tot. Pass auf, dass dein Hund nicht daraus trinkt.“

Hm. Wahrscheinlich war der Alte wirklich verrückt. Wenn hier alles vergiftet wäre, hätte Oskar bestimmt davon gehört. Und die Besitzer der Gärtnerei hätte man längst verhaftet.

Überhaupt, auf einem großen Schild stand zu lesen: *Erdbeeren zum Selbstpflücken*. Das passte ja wohl nicht zu dem, was der Mann da erzählte.

Trotzdem sagte Oskar artig: „In Ordnung, ich werde darauf achten.“ Leuten, die nicht ganz richtig im Kopf waren, sollte man besser nicht widersprechen. Das hatte er mal in irgendeinem Buch oder Film aufgeschnappt.

Der alte Mann schien erleichtert. „Gut. Versprich mir, dass du deinen Hund hier niemals frei laufen lässt." Er lief ein paar Schritte, dann blieb er stehen. „Siehst du das weiße Haus? Da wohne ich. Du kannst mich ja mal besuchen kommen. Mit dem Hund. Bei mir braucht er keine Leine. Auf meinem Grundstück ist die Umwelt nämlich noch in Ordnung."

„Mal sehen", sagte Oskar höflich. In Wahrheit hatte er bestimmt Besseres zu tun, als einen verdrehten alten Mann zu besuchen. „Ich muss jetzt weiter."

„Denk an den Hund", sagte der Alte zum Abschied. „Das ist doch ein Golden Retriever, stimmt's? Die lieben Wasser. Ehe du dichs versiehst, springt er in den Teich. Pass gut auf den Prachtkerl auf. Und noch was." Er kicherte. „Du musst ihn besser erziehen. Er hört ja gar nicht auf dich. Wenn du mich besuchen kommst, verrate ich dir, wie man das macht."

Nachdenklich ging Oskar weiter. Caruso gehorchte tatsächlich nicht besonders gut. Und da das Buch über Hundeerziehung immer noch verschwunden war, würde sich vorläufig auch nichts daran ändern.

Oskar blieb stehen und sagte streng: „Sitz!" Wie üblich interessierte das den Hund wenig. Auf Sitzen hatte er keine Lust. Viel lieber zog er Oskar weiter bis zur Gärtnerei.

*Gartenbau Lehmann – Sommerblumen, Erdbeeren, Gurken, Tomaten und Salat aus eigenem Anbau* stand auf einem großen Schild. Na bitte. Wenn hier wirklich alles vergiftet wäre, dürften die doch kein Gemüse verkaufen. Der alte Mann litt an Wahnvorstellungen, genau wie Oskar vermutet hatte. Dennoch ließ er den Hund vorsichtshalber nicht von der Leine.